Ausführliches Verzeichnis der

Guttentag'schen Sammlung

Deutscher Reichs-
und Preußischer Gesetze

— Text-Ausgaben mit Anmerkungen; Taschenformat —

welche alle wichtigeren Gesetze in unbedingt zuverlässigen Gesetzestexten und in mustergültiger Weise erläutert enthält, befindet sich hinter dem Sachregister.

Guttentagsche Sammlung
Nr. 65. Deutscher Reichsgesetze. Nr. 65.
Text-Ausgaben mit Anmerkungen.

Das Weingesetz

vom 7. April 1909.

Mit Ausführungsbestimmungen und Weinzollordnung vom 17. Juli 1909.

Auf Grund des amtlichen Materials erläutert
von

Dr. Georg Lebbin,
öffentlich angestelltem und vereidigtem Nahrungsmittelchemiker
im Bezirke der Handelskammer zu Berlin.

Zweite Auflage.

Berlin 1909.
J. Guttentag, Verlagsbuchhandlung,
G. m. b. H.

Vorwort zur zweiten Auflage.

Das vorliegende Gesetz vom 7. April 1909 ist seit 17 Jahren bereits das dritte Spezialgesetz, das sich mit der Regelung der Weinbereitung und des Weinvertriebes befaßt, so zwar, daß jedes neue Gesetz nicht neben das ältere, sondern an dessen Stelle getreten ist.

Dieser schnelle Verschleiß an gesetzlichen Bestimmungen ist eine mehr als hinreichende Rechtfertigung dafür, daß sich die Verlagsbuchhandlung bereits im Jahre 1902 veranlaßt sah, von dem damals gültigen Weingesetz vom 24. Mai 1901 eine Sonderausgabe herstellen zu lassen, obgleich der vom selben Herausgeber bearbeitete Sammelband „Die Nahrungsmittelgesetzgebung im Deutschen Reich" (Nr. 54 dieser Sammlung) auch die weingesetzliche Materie berücksichtigte.

Für diesen Entschluß war nicht nur der Umstand maßgebend, daß bei eingehender Kommentierung der Umfang der Sammlung gar zu sehr anschwellen würde, sondern auch die Erwägung, daß es zahlreiche Interessenten gibt, welche zwar das eine oder andere Gesetz mit ausführlichen Anmerkungen zu besitzen wünschen, für die übrigen Bestimmungen der Nahrungsmittelgesetzgebung aber nur ein oberflächliches Interesse haben.

Unter diesem gleichen Gesichtspunkt will auch die vorliegende Sonderausgabe betrachtet werden. Ich habe mich wiederum bemüht, sowohl dem Juristen verständliche technische Aufklärungen zu geben, wie dem Nicht-Juristen die rechtlichen Verhältnisse in ausreichender Weise klarzulegen.

Soweit wie angängig, ist hierbei das amtliche Material des Bundesrats und des Reichstags zugrunde gelegt und benutzt worden.

Ein sorgfältiges und ausführliches Sachregister soll wiederum die Brauchbarkeit erleichtern, ebenso wie eine zweckmäßige typographische Anordnung eine bequeme Übersicht gewährleistet.

Im Juli 1909.

Dr. Lebbin.

Inhaltsverzeichnis.

Ausführungsbestimmungen des Bundesrates. Seite

Abkürzungen.

Bericht = Bericht der XXXI. Kommission des Reichstages über den Entwurf eines Weingesetzes (Nr. 987).

E. = Entscheidungen des Reichsgerichts in Strafsachen.

Entw. = Entwurf des Bundesrats für ein neues Weingesetz; Reichstagsdrucksachen Nr. 987; 12. Legislaturperiode.

GVG. = Gerichtsverfassungsgesetz.

NMG. = Nahrungsmittelgesetz.

NmRecht = Lebbin u. Baum, Deutsches Nahrungsmittelrecht, Bd. I; Berlin 1907.

R. = Rechtsprechung des Reichsgerichts in Strafsachen.

RG. = Reichsgericht.

StGB. = Strafgesetzbuch.

StPO. = Strafprozeßordnung.

Einleitung.

Geschichtliches.

Das am 7. April 1909 verkündete Weingesetz ist seit dem Jahre 1892 bereits das dritte Spezialgesetz, das sich mit dieser Materie befaßt.

Bei Erlaß des Nahrungsmittelgesetzes vom 14. Mai 1879 waren derartige Folgegesetze, als eine Art von Ausführungsbestimmungen zu dem Muttergesetz, bereits in Aussicht genommen.

Zwar brachte § 5 dieses Gesetzes die Möglichkeit, durch Kaiserliche Verordnung zum Schutze der Gesundheit bestimmte Arten der Herstellung, Aufbewahrung und Verpackung von Nahrungs- und Genußmitteln, die zum Verkaufe bestimmt sind, zu verbieten, sowie das gewerbsmäßige Verkaufen und Feilhalten von Nahrungs- und Genußmitteln von einer bestimmten Beschaffenheit oder unter einer der wirklichen Beschaffenheit nicht entsprechenden Bezeichnung zu untersagen, aber andere Vorschriften, welche die Herstellung oder den Vertrieb von Nahrungs- oder Genußmitteln anordnend beeinflußten oder zu beeinflussen gestatteten, enthielt das Gesetz nicht; es beschränkte sich darauf, in den §§ 10 ff. unter bestimmten Voraussetzungen denjenigen mit Strafe zu bedrohen, der solche Waren nachmacht, verfälscht oder nachgemachte oder verfälschte Waren in den Verkehr bringt, überließ es also, soweit nicht innerhalb des engen Rahmens des § 5 durch Kaiserliche Verordnung bindende Vorschriften ergehen, der Entscheidung von Fall zu Fall, ob die Anwendung eines Stoffes oder eines Verfahrens bei der Herstellung der Ware als ordnungsmäßig zu betrachten oder ob darin eine Nachmachung oder eine Verfälschung zu erblicken ist. Die Verfälschung und der Verkehr mit verfälschten Nahrungs- oder Genußmitteln wurde dabei nur insoweit unbedingt verboten, als gesundheitsschädliche Stoffe zur Verfälschung verwendet werden.

Dieser Rechtszustand hat sich für den Verkehr mit Wein bald als unerträglich und besonders als unzureichend erwiesen, um der Fälschung Einhalt zu tun.

Seit dem Jahre 1881 folgten sich deshalb, teils von der Regierung, teils vom Reichstag, teils von den beteiligten Kreisen ausgehend, verschiedene Versuche, eine Verbesserung herbeizuführen.

1883 tagte eine von der Regierung einberufene Kommission zur Beratung der gesetzlichen Regelung des Verkehrs mit Wein. Die Beschlüsse derselben lehnten sich an die natürlichen Verhältnisse an, so daß die wichtigsten der von ihr aufgestellten Grundsätze sich in dem Gesetz von 1901 noch wiederfanden.

1887 gelangte der auf diesen Beschlüssen beruhende erste Gesetzentwurf an den Reichstag und wurde in einer Kommission durchberaten. Die Kommission erstattete auch Bericht. Das Gesetz kam jedoch nicht zustande, da die lebhaft divergierenden wirtschaftlichen Interessen nicht zu vereinigen waren.

In der nächsten Reichstagssession wurde die Materie durch 2 Initiativanträge wieder angeregt (Antrag Ackermann und Gen. sowie Antrag Schenk und Gen.). Zur Verhandlung im Plenum gelangten sie jedoch nicht. Trotzdem ruhten die Bemühungen um ein Weingesetz nicht, sie wurden vielmehr immer lebhafter.

Als auf Anregung der Wiesbadener Handelskammer im Jahre 1891 eine Kommission von Interessenten und Fachmännern getagt hatte, welche in eingehender Weise die Weinfrage durchberiet, glaubte die Regierung in den Beschlüssen jener Kommission nunmehr eine geeignete Grundlage für eine gesetzliche Regelung gefunden zu haben.

Der darauf im Gesundheitsamte ausgearbeitete Entwurf gelangte am 17. März 1892 an den Reichstag, der ihn ohne Kommissionsberatung fast ohne jede Änderung annahm. Am 20. April desselben Jahres, also nach 4 Wochen bereits, wurde derselbe als Gesetz verkündet.

Eine Reihe von Stoffen wurde durch dieses Gesetz von der Weinbereitung unbedingt ausgeschlossen und der Vertrieb des mit ihrer Hilfe hergestellten

Weines verboten. Im übrigen lehnte sich das Gesetz an die Vorschriften des Gesetzes vom 14. Mai 1879 an, indem es einerseits die Anwendung bestimmter Stoffe und Verfahren als Verstoß gegen dieses Gesetz erklärte, aber diese Manipulation bei genügender Deklaration doch zuließ, andrerseits gewisse Gepflogenheiten ausdrücklich für zulässig erklärte.

Es zeigte sich bald, daß die wirtschaftlichen Interessen der Weinbauer durch das Gesetz keinen genügenden Schutz fanden. Der sehr schnell einsetzenden Bewegung für den Erlaß schärferer Bestimmungen mußte die Regierung sehr bald nachgeben und arbeitete eine Novelle zum alten Gesetz aus, welche ein Verbot des Kunstweines und die Einführung von gewerblichen Revisionen enthielt. Dem von manchen Seiten gemachten Vorschlag, den Verkehr mit Wein auf einer gänzlich neuen Grundlage zu regeln, glaubte die Regierung zurzeit nicht entsprechen zu können, da die Ansichten der Sachverständigen noch zu sehr auseinander gingen. Insbesondere glaubte die Regierung das von vielen Seiten heftig angegriffene System der Grenzzahlen mangels einer besseren Methode noch nicht aufgeben zu können, wenn auch die zweifellos anhaftenden Mängel nicht verkannt wurden.

Am 2. Februar 1901 ging der Entwurf dem Reichstage zu (Nr. 129 der Drucksachen). Er wurde der XIII. Kommission überwiesen, die aus demselben ein fast neues Gesetz machte, das am 24. Mai 1901 vollzogen wurde.

Seine Signatur war das Verbot des Kunstweines und die Einführung einer scharfen Kellerkontrolle. Wenn der § 4 des Gesetzes von 1892 sich begnügt hatte, für eine Anzahl von Verfahren lediglich den Deklarationszwang einzuführen, so ging das zweite Gesetz dazu über, die Herstellung der sog. Kunstweine, der Tresterweine, sowie übermäßig gezuckerter Weine vollständig zu untersagen, und lediglich ihre nicht gewerbsmäßige Herstellung behufs Gewinnung eines Haustrunkes zu gestatten. Angesichts der sehr häufig sich ergebenden Unzulänglichkeit der chemischen Analyse behufs nachträglicher Identifizierung von Wein, hatte das Gesetz zur besseren Sicherung der Durchführung des Verbotes eingehende Bestimmungen über die Kellerkontrolle und Überwachung des gesamten Winzerei- und Weinhandelbetriebes gegeben. Die Befugnisse, welche den mit der Revision betrauten Beamten und Sachverständigen eingeräumt wurden, ließen die alten Vollmachten aus dem Nahrungsmittelgesetz weit hinter sich.

Trotz aller Verschärfung verstummten jedoch die Klagen der Winzer nicht, insbesondere befriedigte die Art nicht, in der die Kellerkontrolle durchgeführt wurde und die Dehnbarkeit des ausdrücklich zugelassenen Zuckerns der Weine. Diesen für unentbehrlich geltenden Notbehelf räumlich und zeitlich auf ein Mindestmaß zu beschränken, galt als eines der Hauptziele bei der nunmehr durchgeführten Neuregelung.

Der Entwurf eines neuen Weingesetzes (Nr. 987 der Reichstagdrucksachen) wurde am 9. November 1908 einer Kommission, der XXXI., zur Vorberatung überwiesen, die am 4. März 1909 ausführlichen Bericht erstattete.

Vorsitzender war Abgeordneter Dr. Blankenhorn, Berichterstatter Abgeordneter Baumann, welche beide in der gleichen Funktion schon der Kommission angehört hatten, die das Gesetz von 1901 vorberaten hatte.

Der Reichstag nahm die Vorschläge seiner Kommission bis auf einige wenige Punkte an. Am 25. März erteilte der Bundesrat die verfassungsmäßige Zustimmung, am 7. April 1909 wurde das Gesetz vom Kaiser vollzogen und amtlich publiziert, im Reichsgesetzblatt Seite 393.

Es tritt am 1. September 1909 in Kraft.

Eine große Anzahl von Ausführungsbestimmungen zu erlassen, ist dem Bundesrat wiederum übertragen worden, nämlich in

§ 4. Kellerbehandlung der Weine.

§ 10. Herstellung weinähnlicher Getränke.

§ 13. Ausnahmen von den Vorschriften des § 10 Abs. 2 und § 4 für Getränke und Traubenmaische.

§ 14. Sicherung des Einfuhrverbots gesetzwidriger Getränke.

§ 16. Verbot bestimmter Zusätze zu weinhaltigen Getränken, Schaumwein oder Kognak und Erlaubnis zur Verwendung bestimmter Stoffe bei Gewinnung von Schaumwein und Kognak.

§ 17. Bezeichnung von Schaumwein und schaumweinähnlichen Getränken.

§ 18. Bezeichnung von Kognak.

§ 19. Einrichtung und Führung von Kontrollbüchern.

§ 25. Sicherung gleichmäßiger Ausführung des Gesetzes durch die Landesregierungen.
Vorschriften über die jährliche Feststellung der Traubenernte.

§ 33. Gleichstellung luxemburgischer Weine mit deutschen.

Den Landeszentralbehörden ist in § 25 der Erlaß von Vorschriften zur Sicherung der Ausführung des Gesetzes überlassen, ebenso wie die Grenzen der am Weinbau beteiligten Gebiete zu bestimmen.

Gerichtsentscheidungen von grundsätzlicher Bedeutung auf dem Gebiete des Verkehrs mit Wein.

(Zeitlich geordnet.)

A. Reichsgericht.

1. 7. März 1900: ... „Ein Gemisch von Weinen, auch wenn sie verschiedener Art sind, stellt immer

noch ‚Wein' der Gattung nach dar. ... Hätte der Angeklagte einen Verschnittwein aus $^2/_3$ Barletta und $^1/_3$ Samos-Moskato hergestellt, so war damit weder die eine noch die andere der genannten Weinsorten nachgemacht oder verfälscht; hat er jedoch ein solches Gemisch als ‚Erlauer' oder ‚Blume von Erlau' in den Verkehr gebracht, während dasselbe von einem Erlauer nichts enthielt, so konnte hierin eine Nachmachung von Erlauer Wein gelegen sein" ... (Beilage zu den Veröffentlichungen des Kaiserlichen Gesundheitsamts: „Auszüge aus gerichtlichen Entscheidungen, betreffend den Verkehr mit Nahrungsmitteln" usw. Bd. V S. 180).

2. 25. Februar 1903: Zusatz von 450 l Wasser auf 750 l Wein ist ohne Rechtsirrtum als „erhebliche Vermehrung" erachtet worden, wenn auch die chemische Untersuchung der Mischung einen Gehalt an Extraktstoffen und Mineralbestandteilen ergab, der nicht unter dem Durchschnitte der ungezuckerten Weine des betreffenden Weinbaugebiets zurückblieb. ... „Die Meinung des Beschwerdeführers, es könne wegen Vermehrung der Quantität nicht bestraft werden, wer zur Entsäuerung den Wein mit Wasser und Zucker vermische, weil diese Zusätze notwendig eine Vermehrung zur Folge hätten, steht mit der klaren Bestimmung des Gesetzes § 2 Nr. 4 in Widerspruch, nach der diese Art der Weinentsäuerung unzulässig ist, wenn sie eine erhebliche Quantitätsvermehrung mit sich bringt, obschon zunächst nur eine Entsäuerung

beabsichtigt war. ... Das Gesetz gestattet nicht jede Quantitätsvermehrung, die ein Herabsetzen der Extraktstoffe und Mineralbestandteile unter die Grenzzahlen nicht zur Folge hat, sondern es stellt die Vorschrift der Einhaltung dieser Zahlen als eine der Voraussetzungen strafloser Streckung des Weines neben das Verbot der erheblichen Mengenvermehrung ... (vgl. Beil. Bd. VI S. 180).

3. 13. Januar 1903: ... „Der § 16 des Gesetzes zum Schutze der Warenbezeichnungen geht von dem Gedanken aus, daß, wenn der Herkunftsort einer Ware angegeben werden soll, die Angabe wahr sein müsse. Eine Ausnahme gestattet er hinsichtlich der ‚Verwendung von Namen, welche nach Handelsgebrauch zur Benennung gewisser Waren dienen, ohne deren Herkunft bezeichnen zu sollen‘. Die Zulässigkeit des Verfahrens des Angeklagten, welcher 1895er Winkler Jesuitengarten unter der Bezeichnung ‚1895er Steinberger Kabinett‘ verkauft und in Preislisten angekündigt hat, hing hiernach davon ab, ob nach Handelsgebrauch der Name ‚Steinberger Kabinett‘ zur Benennung von Weinen dient, ohne deren Herkunft bezeichnen zu sollen. Diese Frage hat das angefochtene Urteil völlig unerörtert gelassen. Unter dem ‚allgemeinen Handelsgebrauche im Weinhandel‘ den das Verfahren des Angeklagten dargestellt haben soll, kann es nur den von den beiden Sachverständigen übereinstimmend bekundeten verstehen, deren Aussage es dahin mitteilt: es sei im Weinhandel

allgemein üblich, da ein gesetzlicher Zwang für die Etikette fehle, durch die Etikette nicht den Ort der Herkunft, sondern den Charakter des Weines zu bezeichnen. Wenn darauf Wert gelegt werden solle, daß die Bezeichnung wirklich dem Orte der Herkunft entspreche so würde dies durch Zusätze, wie Kreszenz X. X., oder: Originalgewächs und dergleichen kenntlich gemacht. Dieser allgemeine Geschäftsgebrauch sei so bekannt, daß eine Täuschung ausgeschlossen sei. Diesen allgemeinen Geschäftsgebrauch nimmt der Vorderrichter offenbar, den Aussagen der Sachverständigen folgend, als bestehend an. Dieser Geschäftsgebrauch stellt aber, was den Weinhandel betrifft, das gerade Gegenteil eines der allgemeinen gesetzlichen Bestimmung entsprechenden Zustandes dar. Nach jenem Gebrauche besteht im Weinhandel keine Verpflichtung zur Wahrheit in der Herkunftsangabe; es steht frei, jedem Weine einen beliebigen Namen beizulegen, wenn dieser nur dem Charakter des Weines entspricht, es gilt dies von den edlen wie von den gewöhnlichen Sorten, keine Herkunftsangabe darf als ernstlich gemeint angesehen werden, es sei denn, daß die Ernstlichkeit der Angabe auf der Etikette (in dem Preisverzeichnisse) noch ausdrücklich versichert ist. So weitgehende Handelsgebräuche hat das Gesetz nicht anerkennen wollen, wie nach seiner Entstehungsgeschichte nicht zweifelhaft sein kann, und hat solches auch nicht zum Ausdrucke gebracht. Es hat, von der Forderung der Wahrheit der Herkunftsangabe ausgehend, doch solche **allgemeine** Herkunftsbezeichnungen, welche sich für Waren gewisser Art eingebürgert haben, als zulässig bestehen lassen wollen; beispielsweise hatte sich im Weinhandel die Gewohnheit gebildet, die Weine, insbesondere geringerer Beschaffenheit nicht mit dem oft wenig bekannten Orte, an dem sie gewachsen, sondern nach dem Hauptorte des Weinbaubezirkes, dem der Herkunftsort angehörte, oder mit einem Namen zu bezeichnen, der nur den Charakter des Weines angeben sollte; es handelt sich hierbei aber um einzelne bestimmte Bezeichnungen, die im Handel mit Wein den Charakter als wirkliche Herkunftsbezeichnungen verloren und sich als Gattungsnamen herausgebildet hatten, oder sich auch nach dem Erlasse des Gesetzes als solche herausbilden mögen. Keineswegs ist es die Absicht des Gesetzgebers gewesen, zu gestatten, daß im Weinhandel eine zum Verkaufe gestellte Quantität mit dem Namen irgendeines anderen Weines, oder auch nur mit demjenigen eines in der Nähe seines Ursprungsorts, oder mit dem eines Weines von ähnlichem Charakter bezeichnet werde, wenn nur ein dahingehender Gebrauch im Weinhandel sich gebildet haben würde; ein solcher Gebrauch könnte nur als ein Mißbrauch angesehen werden, dem das Gesetz gerade hat entgegentreten wollen. Es war hiernach unzulässig, den in der Lage ‚Winkler Jesuitengarten' gewachsenen Wein mit dem Namen ‚Steinberger Kabinett' zu bezeichnen, wenn nicht gerade der

Name Steinberger Kabinett nach Handelsgebrauch zur Benennung von Weinen dient, ohne deren Herkunft bezeichnen zu sollen.

Das angegriffene Urteil führt ferner für den Mangel des Bewußtseins des Angeklagten davon, daß er seine Abnehmer täusche, an, daß der geforderte Preis (nämlich 1,35 Mk. per Flasche) den wirklichen Wert dargestellt, und der Charakter des angebotenen Weines der Aufschrift entsprochen habe. Es muß zweifelhaft erscheinen, ob der Vorderrichter aus diesen Umständen einen so weitgehenden Schluß hat ziehen wollen, daß der Angeklagte nun die Täuschung aller und jeder Käufer für ausgeschlossen gehalten hätte. War dem Angeklagten bewußt, daß ein Teil der Abnehmer — das kann bereits genügen, vgl. Entsch. des Reichsgerichts in Strafsachen Bd. 34 S. 33 — dem ihnen angebotenen Weine um der Bezeichnung als Steinberger Kabinett willen einen besonderen Wert beigelegt habe, so war ihm auch bewußt, daß diese Abnehmer über den Wert der Ware getäuscht wurden, denn für den Wert der Ware im Sinne des § 16 des Gesetzes ist vorzugsweise ihr Herkunftsort bestimmend (vgl. Entsch. des Reichsgerichts a. a. O. Bd. 28 S. 371 ff.). Ebensowenig wurde das Bewußtsein, über die Beschaffenheit des Weines zu täuschen, durch die Annahme des ersten Richters ausgeschlossen, daß der Charakter des angebotenen Weines der Aufschrift entsprach, weil die Gleichheit des Charakters, beider

Weine nicht bedingte, daß der als Steinberger Kabinett angebotene Winkler Jesuitengarten in der Güte seiner Beschaffenheit wirklichem Steinberger Kabinett entsprach. In seinen in den Urteilsgründen wiedergegebenen Auslassungen spricht der Angeklagte aber auch geradezu von denen, die nichts von Wein verständen. Er behauptet, daß solche um so weniger getäuscht werden könnten, als die Anmerkung im Preisverzeichnisse: ‚Das Etikett bedeutet weniger den beschränkten Ort der Erzeugung als gewisse Eigenschaften des Weines, für deren Beurteilung jedoch der Preis maßgebend ist', sie genügend aufkläre, und auch die Urteilsgründe schöpfen die Annahme, daß der Angeklagte seine Abnehmer nicht habe täuschen wollen, mit daraus, daß der Angeklagte im Preiskurant ausdrücklich darauf hingewiesen habe, daß die Etikette nicht maßgebend sei. Allerdings kann das Rechtsmittel der Revision nicht auf die Behauptung gestützt werden, daß der erste Richter auf Grund des ihm vorliegenden Beweismaterials nicht zu seiner tatsächlichen Annahme hätte gelangen können; allein da angesichts der allgemeinen Erfahrungen des täglichen Lebens der Vorderrichter unmöglich der Meinung gewesen sein kann, daß ein jeder Käufer von Wein die ihm übergebenen Preiskurante vor oder bei Abschluß des Geschäfts durchliest und Kenntnis von den in ihnen enthaltenen Bevorwortungen nimmt, und daher auch eine solche Meinung nicht wohl bei dem Angeklagten vorausgesetzt haben kann, ist der Verdacht nicht abzuweisen, daß der Vorderrichter sich nicht klar gemacht hat, was der Angeklagte sich denn hinsichtlich derjenigen Käufer, welche keine Kenntnis von der im Preisverzeichnisse befindlichen Anmerkung genommen haben sollten oder nehmen würden, gedacht hat, und daß ein etwa beim Angeklagten vorhandenes Bewußtsein, solche würden getäuscht werden, für unerheblich gehalten ist, weil der Verkäufer einen Anspruch darauf habe, daß seine Preisverzeichnisse durchgelesen würden und die Käufer es daher sich zuzuschreiben hätten, wenn sie getäuscht würden. Diese letztere Ansicht würde rechtsirrtümlich sein; es kommt nur darauf an, ob der Zweck der Täuschung bestanden hat" (vgl. Beil. Bd. VI S. 204 und Entsch. des Reichsgerichts Bd. 36 S. 60).

4. 6. April 1903: . . . „Die Strafkammer hat ohne Rechtsirrtum die Bezeichnung ‚garantiert rein' als gleichbedeutend mit den Worten ‚frei von Zusätzen der in § 3 Nr. 4 des Gesetzes (vom 20. April 1892) bezeichneten Art' verstanden. Der Gegensatz von ‚rein' ist nicht, wie die Revision meint, ‚verfälscht'. Es hat also nur bei ‚unrein' als Gegensatz zu ‚rein' sein Bewenden. . . . Wein, der nicht ausschließlich Naturprodukt unter sachgemäßer Behandlung des Traubensaftes ist, kann, strenggenommen, nicht mehr als reiner Wein bezeichnet werden" (vgl. Beil. Bd. VI S. 185*).

5. 9. Juni 1904: . . . „Rechtlich unbedenklich ist es, wenn die Strafkammer einem Getränk ohne jeden Alkoholgehalt (unvergorenem Traubensaft) Weinähnlichkeit abspricht“ (vgl. Beil. Bd. VII S. 295*).

6. 6. Oktober 1904: . . . „Das Weingesetz trifft nicht die Zusetzung von Zuckerwasser bei der Verwandlung des stillen Weines in Schaumwein. Die Angeklagten wären also nur strafbar gewesen, wenn sie überstreckte Weine hergestellt und zu Schaumwein verarbeitet hätten“ (vgl. Beil. Bd. VII S. 201*, s. auch S. 285*).

7. 2. Februar 1905: . . . Was innerhalb der „anerkannten Kellerbehandlung“ nach § 2 Nr. 1 des Gesetzes dem Weine zugesetzt werden darf, darf deshalb nicht zu anderen Zwecken dem Weine zugesetzt werden, wie dies im vorliegenden Falle insbesondere von Sprit und schwefeliger Säure gilt (vgl. Beil. Bd. VII S. 191*).

8. 28. Februar 1905: Sog. Kunstweine, Obst- und Beerenweine sind weinähnliche Getränke, dagegen nicht Fruchtsäfte, Limonaden, Branntweine und Liköre (vgl. Beil. Bd. VII S. 279*).

9. 3. April 1905 und 2. Oktober 1905: . . . „Als anerkannte Kellerbehandlung kann nicht die Verwendung von Stoffen zugelassen werden, die unter das Verbot des § 3 Abs. 1 des Gesetzes fallen, soweit nicht diese Stoffe in § 2 Nr. 1 . . . für zulässig erklärt sind. Daher darf Weinsteinsäure auch

zur Lösung der zugelassenen Hausenblase nicht verwendet werden" (vgl. Beil. Bd. VII S. 271* und 268*).

10. 11. Januar 1906: Maische und Most können wegen zu hohen Gehalts an Schwefelsäure auf Grund des Weingesetzes (§ 8) nicht beanstandet werden (vgl. Beil. Bd. VII S. 275*).

11. 19. Februar 1906: . . . „Die Annahme einer Verfälschung durch Zusatz von Zuckercouleur zu Weißwein und von Malvenblüte zu Rotwein (zwecks Färbung der Weine) ist nicht rechtsirrig" (Entsch. des Reichsgerichts in Straff. Bd. 38 S. 359).

12. 18. Dezember 1906: . . . „In dem Zusatze von 1 Teil Zuckerwasser zu 5 Teilen Wein konnten die Urteilsgründe ohne Rechtsirrtum eine erhebliche Vermehrung der Menge des Weines erblicken" (noch nicht veröffentlicht).

13. 7. März 1907: . . . „Zur Anwendung des § 4 des Weingesetzes genügt nicht das bloße Verschweigen der Tatsache, daß der verkaufte oder feilgehaltene Wein einen zulässigen Zusatz von Zucker in wässeriger Lösung erhalten hat" . . . (Entsch. des Reichsgerichts in Straff. Bd. 40 S. 44).

14. 7. März 1907: . . . „Unvergorener süßer Traubenmost ist weder Wein noch ein weinhaltiges oder weinähnliches Getränk. In dem zur Verzögerung der Gärung vorgenommenen Zusatze von Salizylsäure zu solchem Moste kann eine Verfälschung im

Sinne des Nahrungsmittelgesetzes, nicht eine Zuwiderhandlung gegen § 7 des Weingesetzes gefunden werden" (vgl. Entsch. Bd. 40 S. 69).

15. 1. Oktober 1907: . . . „Die Strafkammer hat rechtlich nicht geirrt, wenn sie die von den beiden Sachverständigen geschilderten Geschäftsgepflogenheiten, wonach von den Händlern des westlichen Deutschlands süßer Medizinalwein zwecks Abgabe an das Publikum von jeher als ‚Tokajer' bezeichnet werde, auch wenn er nicht aus dem Tokajer Weingebiete stammt oder überhaupt kein Ungarwein ist, als bloßen geschäftlichen Mißbrauch ansieht, der nicht einen Handelsgebrauch darstelle.

Bemerkenswert ist endlich, daß auch die Reichsregierung bei dem Abschlusse des neuen Handelsvertrags mit Österreich-Ungarn, nämlich bei der Vereinbarung besonderer Bestimmungen über die rechtliche Behandlung gerade des Tokajer usw. Weines ersichtlich von der Voraussetzung ausgegangen ist, die Bezeichnung ‚Tokajer Wein' käme im Reiche als die Bezeichnung für den Wein des Tokajer Weingebiets in Betracht und sei kein bloßer Gattungsname. Jedenfalls ist der Wein, der den Gegenstand der Vereinbarung bildete, in der dem Reichstage vorgelegten Denkschrift ausdrücklich als der Wein des Tokajer Weingebiets bezeichnet, eben des Gebiets, das auch in dem Vertragstexte selbst vertragsmäßig festgelegt worden ist" (Entsch. des Reichsgerichts in Straff. Bd. 40 S. 288).

B. Andere Gerichte.

16. Oberlandesgericht Hamburg vom 4. Juli 1893: . . . „Das Landgericht ist zu der Feststellung, daß der Angeklagte . . . Kognak nachgemacht und verfälscht hat, auf Grund der Annahme gelangt, daß Kognak . . . nach der Auffassung des Handelsverkehrs eine Warenbezeichnung für ein aus vergorenem Weine gebranntes Destillat ist, welche unter keiner Bedingung Anwendung finden darf auf eine deutschen Kartoffelsprit und Wasser enthaltende Mischung. Diese Begriffsbestimmung wird der notorischen Tatsache nicht gerecht, daß ein nicht abzuweisendes Verkehrsbedürfnis schon seit längerer Zeit zu einer Erweiterung des Begriffs ‚Kognak‘ geführt hat, in deren Folge die Ziehung der Grenze zwischen dem, was noch Kognak ist und was nicht mehr als Kognak gelten kann, außerordentlich erschwert wird . . .“ (vgl. Beil. Bd. III S. 45*).

17. Oberlandesgericht Cöln vom 20. Juni 1904: Verschnitt von (verdorbenem) Trübwein mit gutem Weine ist unstatthaft, wenn auch die Mischung im Geschmack oder chemisch die Tatsache des Verdorbenseins nicht erkennen läßt (vgl. Beil. Bd. VII S. 182*).

18. Bayerisches Oberstes Landesgericht vom 18. Oktober 1904: Rückverbesserung ist verboten (vgl. Beil. Bd. VII S. 183*).

19. Kammergericht Berlin vom 11. Juli 1905: . . . „Das Publikum als solches wird meist keine

Kenntnis haben, wie eine Ware (Kognak) hergestellt werden muß, und es hätte deshalb näher erörtert werden sollen, ob das Publikum, das im Kognak nicht einen beliebigen Schnaps sieht, sondern ein besseres Getränk — von dem es im allgemeinen weiß, daß es aus Traubenwein hergestellt wird — gewohnheitsmäßig über die Herstellung des sogenannten Kognaks im unklaren gelassen worden ist, und ob es sich bei allgemeiner Kenntnis von den wesentlichen Eigenschaften des Kognaks mit der handelsgebräuchlichen Verwendung von Kartoffelsprit einverstanden erklären und das so hergestellte Getränk als Kognak anerkennen und bezahlen würde . . ." (vgl. Beil. Bd. VII S. 308*).

20. Bayerisches Oberstes Landesgericht vom 22. März 1906: Verwendung von Zuckercouleur gehört nicht zur anerkannten Kellerbehandlung, ist vielmehr Verfälschung (vgl. Beil. Bd. VII S. 259*).

Gesetzgebung des Auslandes Wein betreffend.

Frankreich.

Nach der Ausführungs-Verordnung vom 3. September 1907 Artikel 1 darf unter der Bezeichnung „Wein" kein Getränk feilgehalten oder verkauft werden, das nicht ausschließlich von der Gärung frischer Trauben oder aus dem Safte frischer Trauben gewonnen ist.

Die Zuckerung von Wein durch die Gesetze vom 28. Januar 1903 Artikel 7, vom 6. August 1905

Artikel 1 und vom 29. Juni 1907 Artikel 5 und 6 ist unter folgenden Beschränkungen erlaubt: Wer Wein zuckern will, muß dies wenigstens 3 Tage vorher der Behörde anmelden. Die zugesetzte Zuckermenge darf nicht mehr als 10 kg auf 3 hl Trauben betragen (die Zuckermenge zur Herstellung eines Haustrunkes darf weder 20 kg für einen Familienangehörigen oder Dienstboten noch 20 kg auf 3 hl Trauben noch insgesamt 200 kg für die ganze Wirtschaft überschreiten). Die Zuckerung darf nur während der Weinlesezeit vorgenommen werden. Der zum Zuckern von Wein verwendete Zucker unterliegt einer Sonderabgabe von 40 Franken für 100 kg raffinierten Zucker. Mit Zucker versehener Wein muß als „gezuckerter Wein" auf den Fässern und Behältern, sowie in den Büchern, Rechnungen, Frachtbriefen und Konnossementen bezeichnet werden.

Tresterwein darf gewerbsmäßig nicht in Verkehr gebracht werden (Artikel 12 und 13 des Gesetzes vom 6. August 1905, sowie Artikel 6 des Gesetzes vom 29. Juni 1907).

Der Rosinenwein soll als solcher deklariert werden und unterliegt einer besonderen Besteuerung (Gesetze vom 14. August 1889, 26. Juli 1890, 11. Juli 1891 und 6. April 1897).

Wasser oder Alkohol darf dem Weine nicht zugesetzt werden (Gesetz vom 24. Juli 1894).

Verboten ist der Zusatz von Farbstoffen, von Schwefel-, Salpeter-, Salz-, Salizyl-, Borsäure oder dergleichen, sowie den Chlornatrium in Mengen von mehr als 1 g auf das Liter. Für gegipsten Wein ist eine Maximalgrenze von 2 g Kaliumsulfat im Liter vorgesehen (Gesetz vom 11. Juli 1891 Artikel 2). Erlaubt ist das Verschneiden von Wein mit Wein, das Gefrierenlassen des Weines zum Zwecke seiner Konzentration, das Pasteurisieren, das Schönen mit gebräuchlichen Klärungsmitteln, der Zusatz von Tanin, die Klärung von trübem Weißweine mittels reiner Kohle usw. (Verordnung vom 3. September 1907 Artikel 3).

Strafbar ist, wer zur Verfälschung geeignete Mittel unter einer ihre Bestimmung andeutenden Form ausstellt, feilhält, verkauft oder wer zur Anwendung dieser Mittel durch Broschüren, Rundschreiben, Anzeigen oder dergleichen auffordert (Gesetz vom 1. August 1905 Artikel 3 Nr. 4).

Was ferner die Herkunftsbezeichnung anbelangt, so ist zunächst allgemein jede Täuschung eines Käufers über den Ursprung der Ware untersagt, wenn vertrags- oder gewohnheitsmäßig die der Ware fälschlich beigelegte Bezeichnung des Ursprunges als die hauptsächlichste Veranlassung zum Kaufe anzusehen ist. Ferner sollen behördlich Bezirke gebildet werden, deren Abgrenzung für die Herkunftsbezeichnung (Champagne, Bordeaux, Bourgogne, Cognac usw.) maßgebend ist. Auf den Etiketten, Marken, Rechnungen, Handelspapieren, Emballagen und Gefäßen darf sich als „Grundbesitzer in", als

„Weinbauer in“, als „Kaufmann in“ oder als „Großhändler in“ unter Hinzufügung einer Gegend oder einer besonderen Lage nur bezeichnen, wer dort ein Besitztum oder Weinland oder eine Handelsniederlassung hat (Gesetz vom 1. August 1905 Artikel 1 und 11, sowie Verordnung vom 3. September 1907 Artikel 2, 10 bis 13).

Bei der Herstellung von Schaumwein sind die Verfahren, die unter der Bezeichnung „méthode champenoise“ bekannt sind, sowie die Hinzufügung von reiner Kohlensäure erlaubt. Jedoch darf als „vin mousseux“ nur ein Wein bezeichnet werden, dessen Kohlensäuregehalt ausschließlich von einer zweiten alkoholischen Flaschengärung herrührt. Wenn die Kohlensäure auch nur teilweise von einem künstlichen Kohlensäurezusatz herrührt, so darf bei der Bezeichnung das Wort „mousseux“ nur verwendet werden, wenn das Wort „fantaisie“ hinzugefügt ist (Artikel 5 der Verordnung vom 3. September 1907).

Als Kognak (eaux-de-vie de vin, alcool de vin, esprit de vin) darf nur ein reines Weindestillat bezeichnet werden (Artikel 6 der Verordnung vom 3. September 1907).

Österreich-Ungarn.

In Österreich ist Wein das durch alkoholische Gärung des Weinmostes oder zerquetschter frischer Weintrauben (Weinmaische) hergestellte Getränk (§ 2 Ges. v. 12. April 1907).

Als Verfälschung sind nicht anzusehen: die in der rationellen Kellerbehandlung anerkannten Verfahrensarten, der Verschnitt von Wein mit Wein und Weinmost, das Entsäuern mit reinem, gefälltem, kohlensaurem Kalke, bei der Wiederherstellung erkrankter Weine und Weinmoste der Zusatz von Weinsäure im Höchstmaße von 1 g auf das Liter und von Natriumbisulfit im Höchstmaße von 5 g auf das Hektoliter, sowie das Auffärben von Wein durch Behandlung mit frischen Rotweintrestern oder durch Zusatz von Karamel (§ 3 des Gesetzes vom 12. April 1907 und Erlaß des Ackerbauministeriums vom 22. November 1907).

Der Zusatz von (technisch reinem Rohr- oder Rüben-) Zucker zu Wein oder Weinmost ist nur auf Grund einer von Fall zu Fall an einzelne Personen oder bei schlechter Ernte für ganze Gemeinden oder Gebiete von der politischen Behörde erteilten Erlaubnis statthaft (§ 5 des Gesetzes vom 12. April 1907, Artikel II der Ministerialverordnung vom 27. November 1907, vgl. Erlaß vom 22. November 1907).

Eine Verfälschung wird insbesondere durch Zufügung folgender Stoffe begründet: Getrocknete Früchte (Rosinen, Korinthen), sowie Feigen und Johannisbrot oder andere zuckerhaltige Pflanzen und Pflanzenteile (auch in Auszügen und Abkochungen), künstliche Süßstoffe, Glyzerin, Stärkezucker, unreiner Sprit, Tamarinden, Obstmost und

Obstwein, Gummi und sonstige den Extrakt erhöhende Substanzen, Bukettstoffe, Essenzen, künstliche Moststoffe, Rückstände von der Kognakerzeugung, Färbemittel, Säuren und säurehaltige Stoffe, lösliche Aluminiumsalze, Kochsalz, Barium-, Strontium- und Magnesiumverbindungen, Gips, Borsäure, Borax, Salizylsäure, Formaldehyd, lösliche Fluorverbindungen sowie Gemische, die eine dieser Substanzen enthalten (§ 6 des Gesetzes vom 12. April 1907, vgl. Erlaß vom 22. November 1907).

Bei der Erzeugung von Schaumwein sind die in der rationellen Schaumweinfabrikation üblichen, gemäß § 6 des Gesetzes sonst unstatthaften Verfahrensarten und gesundheitsunschädlichen Zusätze gestattet, wenn sie zur Erzielung eines entsprechenden Säuregehalts und Buketts erforderlich sind.

Wein oder Weinmost, der einen Zuckerzusatz erhalten hat, darf nicht als „Naturwein", „Originalwein", „Naturmost", „Originalmost" oder ähnlich bezeichnet werden (§ 7 des Gesetzes vom 12. April 1907, vgl. Erlaß vom 22. November 1907).

Tresterwein darf nur für den eigenen Haushalt hergestellt werden.

Für Ungarn ist durch Gesetz vom 30. Juni 1893 die Erzeugung und der Vertrieb von Kunstweinen, d. h. von solchen Weinen, welche nicht ausschließlich aus Trauben bereitet sind, oder welchen außer raffiniertem Sprit oder Kognak Wasser oder andere Stoffe beigemischt sind, sowie die Ankündigung oder

der Vertrieb der zur Herstellung von Kunstweinen dienenden Stoffe zu diesem Zwecke verboten. Gestattet ist als rationelle Kellerbehandlung nach der Ausführungsverordnung vom 23. August 1897 jedes Verfahren, welches die Qualität des Weines verbessert, ohne dessen Quantität wesentlich zu vermehren oder einen solchen Stoff in denselben zu geben, welcher im Naturweine nicht vorkommt. Gestattet ist daher das Versetzen mit reinem Sprit oder Kognak; die Klärung mit Hausenblase, Gelatine, Tannin, Eiweiß, Milch und spanischer Kreide; die Benutzung von Karamel und Saflor zu dem Zwecke, um den Weißweinen eine schönere Farbe zu geben; die Anwendung von Hefe zur Nachgärung; das Verschneiden verschiedener Weine sowie jedes Verfahren, welches zur Klärung und Konservierung des Weines dient, vorausgesetzt, daß fremde oder schädliche Stoffe nicht in den Wein gelangen. Dagegen ist verboten das Verschneiden von Naturweinen mit Tresterwein oder Obstwein. Der zur Versüßung dienende Zucker darf nur in festem Zustand oder in Most oder Wein gelöst zugesetzt werden. Wässerige Zuckerlösungen, Sirup oder Invertzucker sind als Zusatz nicht gestattet, ebensowenig getrocknete, in Wasser getauchte, einheimische Trauben und ausländische Rosinen. Die Anwendung aller sonstigen Stoffe, wie Wasser, Saccharin, mineralische oder vegetabilische Färbemittel, Glyzerin, Salizylsäure, Tamarindenextrakt, Kernextrakte, Essenzen, ätherische Öle oder sonstige Flüssigkeiten, ist unbedingt verboten. Champagner, Wermut, Tresterwein und Obstwein dürfen nur unter der ihrer Qualität entsprechenden Benennung eingelagert und in Verkehr gebracht werden. Aus den Trestern darf der noch in denselben vorhandene Wein ausgepreßt werden; dagegen ist es unbedingt verboten, aus Weintrestern mit Hinzugabe von Wasser oder anderen Stoffen ein weinähnliches Getränk herzustellen und in den Verkehr zu bringen. Trester und Tresterwein unterliegen einer Verkehrskontrolle.

Wein darf nicht mit der Bezeichnung einer solchen Gegend in Verkehr gebracht werden, in welcher er nicht gewachsen ist, bzw. deren Charakter er nicht entspricht. Es ist ferner verboten, den Wein mit der Bezeichnung einer Rebengattung in Verkehr zu bringen, aus welcher er nicht erzeugt war. Im Falle der Vermischung von Weinen, die in verschiedenen Gegenden gewachsen sind oder aus verschiedenen Rebengattungen erzeugt wurden, kann der so vermischte Wein als von einer solchen Gegend stammend, bzw. als von einer solchen Rebengattung erzeugt, bezeichnet werden, deren überwiegender Weingattung er tatsächlich entspricht. Die durch Verschneiden von vaterländischen Weinen mit ausländischen Weinen hergestellten Mischungen können nur in dem Falle als inländische Weine mit der Bezeichnung der Weingegend verkauft werden, wenn in der Mischung der heimische Wein in solcher

Menge vorhanden ist, daß die Mischung dem Charakter des vaterländischen Weines und der betreffenden Weingegend vollständig entspricht, und daß nicht mehr als 25 Prozent ausländischer Wein in der Mischung enthalten sind.

Nach der Ungarischen Ausführungs-Verordnung vom 13. November 1904 dürfen Moste und Weine, die im Tokajer Weingebiete gewachsen sind, nur mit Mosten bzw. Weinen, die in derselben oder in einer anderen zum Tokajer Weingebiete gehörenden Gemeinde gewachsen sind, verschnitten werden. Verboten ist, im Tokajer Weingebiete gewachsene Moste oder Weine mit Mosten oder Weinen zu verschneiden, die aus anderen inländischen Weingebieten oder aus dem Auslande stammen. Als „Tokajer", „Hegyaljaer" oder als „Szamorodner" darf nur Wein bezeichnet werden, der ausschließlich im Tokajer Weingebiete gewachsen ist.

Der Vertrag zwischen Österreich und Ungarn vom 8. Oktober 1907 bestimmt unter anderem, daß in Ungarn spätestens innerhalb Jahresfrist nach Inkrafttreten dieses Vertrags ein neues Weingesetz zu schaffen ist, das ebenso strenge Bestimmungen enthält wie das österreichische Gesetz vom 12. April 1907, und daß in Österreich ein Wein, der nicht aus dem Tokajer Weingebiete stammt, als „Tokajer", „Hegyaljaer", „Máslás", „Szamorodner" oder dergleichen nicht bezeichnet werden darf. Ein neues ungarisches Weingesetz ist im Entwurf ausgearbeitet und veröffentlicht worden („Ungarischer Weinhandel" vom 17. Mai 1908). Seine wichtigsten Bestimmungen sind folgende: Die Verwendung von Alkohol zur Erhöhung des Alkoholgehalts im Weine ist verboten. Das Zuckern ist nur mit behördlicher Genehmigung bei Most gestattet, um den Zuckergehalt auf das Normalmaß zu heben. Tresterwein darf nicht in den Handel gebracht werden. Die Verwendung von Rosinen ist untersagt. Das Tokajer Weingebiet wird als geschlossenes Gebiet erklärt, in das Wein nur zum örtlichen Verbrauch eingeführt und aus dem anderer als dort gewachsener Wein nicht ausgeführt werden darf.

Italien.

Nach dem Gesetze vom 11. Juli 1904 und den Ausführungsbestimmungen vom 5. August 1905 werden drei Gruppen von Weinen unterschieden: Naturweine (vini genuini) Nichtnaturweine (vini non genuini) und Nachweine (vinelli). Als Naturweine werden nur die durch alkoholische Gärung des Mostes frischer oder leicht angewelkter Weintrauben auf dem Wege der sachgemäßen Kellerbehandlung bereiteten Getränke angesehen. Dem Traubenmoste darf Rohrzucker jedoch nur zum Zwecke der Verbesserung zugesetzt werden. Der Zusatz darf weder die chemische Zusammensetzung noch die Grenzen der Verhältnisse zwischen den im Naturweine vorkommenden Bestandteilen zueinander verändern. Die gezuckerten Weine gelten noch als Naturweine. Alle anderen Weine — mit Ausnahme näher bezeichneter besonderer Weinsorten wie Schaumwein, Wermutwein usw. — gelten als Nichtnaturweine und dürfen gewerbsmäßig nicht hergestellt werden. Ausgeschlossen von diesem allgemeinen Verbote sind jedoch die Halbweine, die nach vorheriger Anmeldung beim Gemeindevorsteher aus Trestern frischer Trauben hergestellt und unter der Bezeichnung Halbwein (vinello) verkauft werden dürfen. Die für den Handel in Italien zugelassenen ausländischen Weine müssen Naturweine sein. Dementsprechend dürfen auch nur Naturweine ausgeführt werden.

Die Herstellung, die Ankündigung und der Verkauf von Fälschungsmitteln ist verboten.

Die Weinkontrolle wird durch Beamte ausgeübt; Wein-Genossenschaften usw. dürfen in Verdachtsfällen auch Proben entnehmen. Die Proben werden in öffentlichen Laboratorien untersucht.

Schweiz.

Das Bundesgesetz vom 8. Dezember 1905, betreffend den Verkehr mit Lebensmitteln und Gebrauchsgegenständen, enthält über den Verkehr mit Wein keine Sonderbestimmungen, so daß die allgemeinen, auf alle Lebensmittel bezüglichen Vorschriften auch auf den Verkehr mit Wein Anwendung finden.

Spanien.

Der Verkehr mit Wein ist durch Königliches Dekret vom 11. März 1892 und Ausführungsverordnung vom 2. Dezember 1892 geregelt. Als „Wein" darf nur die aus dem Safte der Weintrauben durch Gärung entstehende Flüssigkeit bezeichnet werden, die ohne Zusatz von Stoffen geblieben ist, welche nicht Bestandteile der Weintraube sind. Gestattet ist der Verschnitt von Wein mit Wein; der Verschnitt mit rektifiziertem Alkohol, welcher aus Wein oder Weintrestern gewonnen ist; die Klärung mittels Hausenblase oder Albumin aus Eiern oder Blut; das Schwefeln der Fässer; auf physikalischen Grundlagen beruhende Konservierungsverfahren, bei welchen fremde Stoffe in den Wein nicht eingeführt werden; der Zusatz von Kochsalz bis zur Grenze von 2 g auf 1 l; der Zusatz von Weinstein; das Gipsen bis zu einer Grenze von 2 g Kaliumsulfat auf 1 l (herbe und likörartige Dessertweine, wie Jerez, Malaga und ähnliche, dürfen in dem zu ihrer guten Erhaltung erforderlichen Maße gegipst werden); der Zusatz von reinem Rohrzucker. Verboten sind als Zusatz zum Weine: alle Alkohole, welche nicht von der Destillation von Nebenerzeugnissen herstammen (sog. Industrie-Alkohole); ferner alle Farbstoffe mit Ausnahme des Mostsirups und der eingekochten Moste oder farbigen Weine, welche durch Konzentrieren der von frischen Weintrauben herrührenden Moste gewonnen sind, Salizylsäure,

Borsäure, Glyzerin, Alkalikarbonate, Bleiglätte, Metallsalze, Säuren, antiseptische Stoffe, künstlicher Traubenzucker oder Stärkezucker bei Mosten, sowie nichtkristallisierter Stärkezucker überhaupt, Bukettstoffe, Äther, ätherische Öle, alle Klärmittel, außer den mechanisch wirkenden.

Durch ein Gesetz vom 27. Juli 1895 ist die Herstellung von Kunstwein, mit Ausnahme der Schaumweine und sogenanten Mistelas (likörartige, meist aus Branntwein, Wasser, Zucker und Zimt usw. hergestellte Getränke) vollständig verboten. Als Kunstwein wird derjenige erklärt, welcher nicht aus der Gärung des Saftes von frischen Trauben herrührt, bzw. derjenige, welcher irgendeine nicht von der Weintraube herrührende chemische oder vegetabilische Beimischung aufweist. Die Geschäfte, in welchen Wein verkauft wird, die Speicher, Niederlagen, Bodegas und Weingüter sollen gemäß einer Ausführungsverordnung vom 23. Dezember 1895 überwacht und besichtigt und dabei Proben zur Untersuchung entnommen werden.

Die Einfuhr von französischen Weinen, welche zum Verschneiden von spanischen Weinen dienen sollen, unterliegt den Bestimmungen des Gesetzes vom 14. Juli 1894.

Durch Königliche Verordnung vom 4. April 1899 wird bestimmt, daß die Mindestmenge spanischen Weines, der für die Mischungen zu verwenden ist, 50 Prozent von der Gesamtmenge der Flüssigkeit beträgt, welche in keinem Falle zum inneren Verbrauch im Königreiche bestimmt werden darf. Die in den Verschnittlagern vorgenommenen Verrichtungen unterliegen nicht der unausgesetzten Beaufsichtigung. Die Kontrolle soll sich darauf beschränken, zu verhindern, daß ausländische und mit einheimischen gemischte ausländische Weine in den Verkehr gelangen, und soll alle drei Monate die Richtigkeit der Anschreibungen feststellen.

Portugal.

Ein Königliches Dekret vom 1. September 1894 bestimmt, daß als „Wein" nur das durch die Gärung frischer Trauben erzeugte Getränk in den Handel gebracht werden darf, mit alleiniger Ausnahme der Port- und Madeiraweine, die einer besonderen, von alters her feststehenden Behandlung bedürfen.

Weingesetz.

Vom 7. April 1909 (RGBl. S. 393).

Wir Wilhelm, von Gottes Gnaden Deutscher Kaiser, König von Preußen rc. verordnen im Namen des Reichs, nach erfolgter Zustimmung des Bundesrats und des Reichstags, was folgt:

§ 1.

Wein ist das durch alkoholische Gärung aus dem Safte der frischen Weintraube hergestellte Getränk

1. Dem Texte des § 1 im Gesetz von 1901 fehlte das Wort „frisch", sonst war er der gleiche. Mit der Einschränkung des Begriffs auf das Erzeugnis aus dem Safte der frischen Weintraube folgt der Entwurf der neueren Gesetzgebung in Österreich, Frankreich und Italien.

Praktisch führten die Vorschriften im § 3 Abs. 1 Nr. 3 des Gesetzes vom 24. Mai 1901 zu dem gleichen Ergebnisse. Die jetzige Fassung hat den Vorzug, daß sie die Unterscheidung des Zulässigen von der Fälschung oder Nachahmung vereinfacht.

Die früher vielfach übliche Bereitung von Trockenbeerauslesen oder Strohwein aus Trauben, die über die Reife hinaus am Stock belassen oder vor der Kelterung eine Zeitlang gelagert werden und dabei einen Teil ihres Saftes verlieren, findet nur noch in geringem Umfange statt und ist bei dem erdrückenden Wettbewerbe der Südweine für den Handel ohne Bedeutung. Die Fassung des § 1 steht jedoch diesem Verfahren ebensowenig im Wege wie die Vorschrift des § 3 Abs. 1 Nr. 3 des Gesetzes vom 24. Mai 1901; denn für die Weinbereitung werden Trauben, die in der angegebenen Weise für die Kelterung vorbereitet werden und von Rosinen und dergleichen wohl zu unterscheiden sind, unbedenklich als frisch gelten können" (Entw.). Es muß demnach zwischen vollständig getrockneten Trauben (Rosinen usw.) und unvollständig getrockneten (Strohwein) scharf unterschieden werden. Bei der großen Bedeutung dieser Unterscheidung ist der Mangel an sicheren Kennzeichen der beiden Kategorien sehr störend. Am besten ließe sich ein bestimmter Wassergehalt verwerten, etwa so, daß Beeren mit weniger als 40 % zu den Trockenbeeren gezählt werden.

2. Das Gesetz von 1892 hatte gar keine Begriffsbestimmung des Weines gegeben, doch gaben die Motive zu demselben, S. 8, an: „Unter Wein ist hierbei nur das aus den Trauben des Weinstocks durch alkoholische Gärung erzeugte Getränk verstanden." Der Entwurf des Gesetzes von 1901 hatte folgende Definition: „Wein ist das durch alkoholische Gärung aus dem Safte der Weintrauben mittels solcher Verfahren oder Zusätze, welche als eine Verfälschung oder Nachmachung nicht anzusehen sind, hergestellte Getränk."

In der zweiten Reichstagskommission von 1901 war bei der zweiten Lesung beantragt worden, als Definition die Regierungsvorlage wiederherzustellen, da die in erster Lesung beschlossene Fassung (d. i. diejenige des zweiten Gesetzes) seitens der Gerichte so ausgelegt werden könne, daß gezuckerte oder sonstige mit erlaubten Zusätzen versehene Weine nicht mehr unter dem Namen Wein verkauft werden dürften, vielmehr nur unter einer den Zusatz erkennbar machenden Bezeichnung. Regierungsseitig wurde entgegnet, daß aus dem gesamten Aufbau des Gesetzes wohl mit genügender Deutlichkeit hervorgehe, daß die Begriffsbestimmung im § 1 ihre Ergänzung in den nachfolgenden Paragraphen finde und daß deshalb ein Wein auch dann noch als Wein im

Sinne des Gesetzes anzusehen ist und als Wein im Handel bezeichnet werden darf, wenn er einer nach den Bestimmungen des Gesetzes als erlaubt zu betrachtenden Behandlung unterworfen worden ist. Daß § 1 in diesem Sinne aufzufassen sei, wurde allseitig anerkannt.

3. Der Definition des § 1 entspricht eigentlich nur der „Naturwein", und zwar besonders der weiße Naturwein, da zur Rotweingewinnung auch die Schalen benutzt werden. Der Saft der roten Trauben ist nämlich nur bei der Färbertraube bereits farbstoffhaltig, alle übrigen Arten haben einen ungefärbten Saft. Die Rotweine werden deshalb nicht durch Gärung des abgekelterten Saftes, sondern der Maische gewonnen (Keltern = abpressen, den Saft von der Schale trennen; Maische = zerstampfte Traube, also Saft mit Schale). Erst während der Gärung färbt sich der Most bzw. Wein unter Aufnahme des Farbstoffes aus der Schale. Auch der Gerbstoff der Rotweine stammt aus den Schalen. Vgl. Anm. 5.

Das Wort „Naturwein" ist zwar weder hier noch später mehr benutzt, doch ergibt § 3 und § 5, daß § 1 nur den „reinen" Wein erörtert, in ganz ähnlicher Weise, wie es das bisherige Gesetz tat. „Wein" schlechthin bedeutet also Naturwein und gemäß § 3 gezuckerten Wein. Die Kellerbehandlung (§ 4) ist zur Weinbereitung als solcher zugehörig und fällt mit in die Definition des § 1.

Ob das Gesetz jeweilig den „Naturwein" oder gezuckerten Wein im Auge hat, muß aus dem Zusammenhang entnommen werden, ebenso wie nirgends eine direkte Deklarationspflicht des gezuckerten Weines statuiert ist. Nur indirekt ist eine wahrheitsgemäße Erklärung durch § 5 Abs. 2 vorgeschrieben, ebenso wie ein ausdrückliches Bestreiten oder Bemänteln der stattgehabten Zuckerung straffällig gemacht ist.

4. Unter Rotwein will das Gesetz bei Fehlen ergänzender Angaben stets nur Tafel- oder Tischwein verstanden haben, nicht roten Dessertwein (Bericht S. 5).

5. Für die erste Lesung in der Reichstagskommission lag ein Antrag vor, das Wort „alkoholische" vor dem Worte „Gärung" zu streichen und vor dem letzten Worte „Getränke" einzufügen, der damit begründet wurde, daß alkoholfreie Getränke nicht die Berechtigung haben sollten, den Namen Wein zu führen.

Von seiten der Regierung wurde eingewendet, es liege kein Grund vor, Getränken, die durch alkoholische Gärung von Traubensaft gewonnen und dann entgeistet seien, die Bezeichnung als alkoholfreier Wein zu versagen; der Zusatz „alkoholfrei" verhüte jede Verwechselung. Jedenfalls aber sei es unzweckmäßig, die Bereitung solcher Getränke dem Gesetze zu entziehen. (Bericht.)

Die Bezeichnungen als „alkoholfreier Wein", „alkoholfreies Bier" usw. wird man demnach als gleichbedeutend mit „von Alkohol befreiter Wein", „von Alkohol befreites Bier" anerkennen müssen, wenngleich nicht zu leugnen ist, daß diese Benennungen schief sind, denn der Alkohol ist gerade das typischste Produkt der diese Getränke erzeugenden Gärung, die darum „alkoholische Gärung" allgemein genannt wird.

Die Regierungserklärung hat aber das Gute, daß wenigstens alle diejenigen „alkoholfreien Weine", die überhaupt gar keinen Gärungsprozeß durchgemacht haben, also Moste u. dgl., die sich gleichfalls diese falsche Bezeichnung häufig zulegten, nunmehr nach einem anderen Gattungsnamen Umschau halten müssen.

Der **Chemismus der Weinbildung** soll in ganz großen Umrissen hier skizziert werden, um das Verständnis dieser Unterschiede zu erleichtern:

Zur Herstellung weißen Weines werden die Trauben einer Pressung, Kelterung, unterworfen, der ablaufende, von den Schalen, Preßrückständen getrennte Saft heißt Most. Durch die Vergärung desselben entsteht weißer Wein.

Zur Gewinnung roten Weines werden die roten Trauben nur zerquetscht, so daß ein Gemisch von Saft und Traubenschalen nebst Stielen und Kämmen entsteht, eine Maische. Der Most, Saft, ist nämlich farblos wie beim Weißwein — ausgenommen bei einer Varietät, der Färbertraube —, während der Farbstoff sich in den Schalen befindet. Erst durch die Gärungsvorgänge, besonders den entstehenden Alkohol, wird der rote Schalenfarbstoff gelöst und erzeugt eine rote Flüssigkeit, den Rotwein.

Wenn man rote Trauben wie weiße behandelt, den Saft also ohne Trester vergären läßt, dann entsteht der sogenannte Schillerwein.

Durch Pressung der gesamten Trauben erhält man die gewöhnlichen, weniger feinen Weine. Werden die schlechten Beeren vor der Kelterung bzw. der Einmaischung ausgelesen, so erzielt man die sogenannten „Auslesen“, bei Loslösung der einzelnen ausgesuchten, tadellosen Beeren, unter Ausscheidung der Stiele, Kämme und anstößigen Beeren, die „Schloßabzüge“. Es gibt aber vielerlei Auslesemethoden, so daß die Unterscheidung nicht immer ohne Willkür ist. Jedenfalls bezeichnen die Zusätze: Auslese oder Schloßabzug eine besonders gute Qualität.

Kämme sind die Spindeln und deren Seitenäste mit den Stielen, an denen die Beeren sitzen, also die Traube ohne die Beeren. Sie sind reich an Gerbstoffen und nichtzuckerhaltigen Extraktstoffen. Sie geben dem Wein ein herbes, meist wenig angenehmes Gepräge, sind aber oft Träger von Aromastoffen.

Schalen, Hülsen sind die äußere Haut der Beeren. Sie enthalten auch viel Gerbsäure und aromatische Bestandteile sowie den Farbstoff bei den roten Trauben. Der Farbstoff in den roten, grauroten, schwarzroten, blauroten Trauben scheint der gleiche zu sein und nur durch die verschiedene Menge die einzelnen Nuancen zu erzeugen.

Die Kerne innerhalb der Beeren sind der Samen der Trauben und enthalten ähnliche Stoffe wie die Kämme.

Der Saft der Trauben ist die in den Beeren enthaltene natürliche Lösung. Sie wird meist durch Pressen abgesondert. Aus Trockenbeeren, Rosinen läßt sich mangels genügender Flüssigkeit kein Saft mehr gewinnen, sondern nur ein Auszug nach vorheriger Zugabe eines Lösungsmittels.

Der Traubensaft, der selbstverständlich wichtigste Bestandteil, enthält in aufgelöstem Zustand: Traubenzucker, Fruchtzucker, Weinsteinsäure, Weinstein (saures weinsaures Kali), wenig Eiweißstoffe und Mineralbestandteile, Asche.

Wenn man eine solche natürliche Lösung austrocknet, so hinterbleibt ein bei 100° C nicht zu verflüchtigender Rückstand; das ist der Extrakt. Erhöht man die Temperatur bis zur Glühhitze, so verbrennen die Extraktstoffe bis auf einige mineralische Reste, die unverbrennbar sind und Mineralbestandteile, Asche heißen. Sie bestehen aus den vorhandenen Metallen (Kalium, Natrium, Kalk, Magnesia, Eisen), die an bestimmte Säuren gebunden sind (Phosphorsäure, Schwefelsäure, Salzsäure, Kieselsäure, Kohlensäure). Die vorher an organische Säuren (Weinsäure usw.) gebunden gewesenen Metalle finden sich nach der Mineralisierung meist als kohlensaure Verbindungen in der Asche vor. Die Menge dieser wird als „Alkalität der Asche" gemessen, welche demnach ein Maß für vorhanden gewesene organischsaure Metalle ist.

Der abgepreßte Saft, Most, beim Weißwein beginnt in kürzester Frist zu gären, ebenso die Rotweinmaische. Bei der Gärung handelt es sich um zwei nebeneinander herlaufende Prozesse: die Zerlegung des Zuckers in Alkohol und Kohlensäure und die Erzeugung von Stoffwechselprodukten der Hefen.

Die Hefe, aus mikroskopisch kleinen, einzelligen Pflänzchen bestehend, erzeugt nämlich einen Stoff, Zymase, ein sogenanntes chemisches Ferment, einen Körper, der die Eigenschaft hat, gewisse kompliziertere Verbindungen durch seine bloße Anwesenheit in einfachere zu zerlegen. In diesem Falle zerlegt die Zymase den Traubenzucker ebenso wie den Fruchtzucker in Kohlensäure, die sich zum größten Teil aus der Lösung entfernt und in Alkohol, der in der Flüssigkeit verbleibt. Aus 100 Teilen Zucker sollten stets 51,1 % Alkohol und 48,9 % Kohlensäure resultieren, tatsächlich entstehen aber einige Nebenprodukte und man erhält nur 45,8—48,4 % Alkohol, 2,5—3,6 % Glyzerin und 0,4—0,7 % Bernsteinsäure.

Die Stoffwechselprodukte der Hefen sind Fuselöl, gewisse Aldehyde, Glyzerin, Bernsteinsäure usw.

Die letztgenannten beiden Stoffe entstehen also auf doppelte Weise. Die früher einmal gehegte Hoffnung, aus dem Verhältnis von Glyzerin zu Alkohol Schlüsse auf gewisse Zusätze machen zu können, haben sich darum nur bei groben Verfälschungen als zutreffend erwiesen.

Nach beendeter Gärung wird der junge Wein von der Hefe getrennt.

Bei Rotweinen hat sich durch die lösende Kraft des gebildeten Alkohols und der Weinsäure auf die Schalen eine rote Farbe eingestellt und der Wein wird von den Schalen, den Trestern, Trebern, sowie von der Hefe getrennt.

Alsdann ist der Naturwein fertig.

Nicht jeder Most läßt in dieser Weise einen brauchbaren Wein gewinnen, da der Gehalt an Zucker und Weinsteinsäure nicht immer so beschaffen ist, wie es zur Herstellung guter, trinkbarer Weine erfordert wird. Ein zu hoher Gehalt an Säure, bei normaler Zuckermenge, kann beseitigt werden, ohne daß eine anderweite Veränderung des Weines bewirkt wird. Ist dagegen, wie meist, auch der Zuckergehalt zu gering, so daß nur ein zu geringer Alkoholgehalt entstehen kann, so läßt sich nur in der Weise Abhilfe schaffen, daß eine Herabsetzung des Säuregehaltes durch Verdünnen mit Zuckerlösung vorgenommen wird. Einer Ausbeutung dieser Umstände zur Verschaffung unerlaubter materieller Vorteile hat das Gesetz dadurch gesteuert, daß der Zusatz des Zuckerwassers nicht nur zeitlich, sondern auch räumlich begrenzt ist (§ 3 Abs. 2 und § 3 Abs. 1).

Im übrigen hängt die Qualität der Weine von den verschiedensten Umständen ab.

1. Vom Klima und der Witterung. Die gleiche Pflanze gibt bei gleicher Pflege und gleichmäßiger Ernährung in verschiedenen Klimaten verschiedene Produkte. Am bekanntesten ist neben der Tabakpflanze gerade der Wein. Eine aus der Havanna nach Norddeutschland versetzte Tabakstaude bleibt zwar botanisch und anatomisch die gleiche Pflanze, aber ihr Tabak wird ein durchaus anderer.

Kurze kalte Sommer schaden dem Wein, kalte Winter weniger. Je gleichmäßiger warm der Sommer ist, desto besser wird der Wein, da die Reife sich allmählich durch lange Monate vollzieht. Spätreifende Sorten geben daher in südlichen Gegenden bessere Weine als die frühreifenden der nördlicheren Gebiete. In den ganz warmen Weinbaugegenden sind die Moste dunkler, süßer und ärmer an Weinsäure, meist auch aromatischer. Dafür sind die Weine der kälteren Gebiete wegen ihrer Säure und zarten Blume erfrischender.

2. Von der Lage. Am günstigsten sind die südlichen Abhänge der Flußtäler des nördlichen Weinbaugebietes, das mit der gemäßigten Zone ziemlich zusammenfällt.

3. Vom Boden und der Düngung. Der Wein nimmt mit dem verschiedenartigsten Boden fürlieb, wenn er darin die erforderlichen Mengen an Kali, Phosphorsäure und Kalk findet.

4. Von der Traubensorte. Es gibt von der Weinrebe ebensoviel Spielarten wie bei anderen Früchten und der Most von diesen zeigt von vornherein gewisse Unterschiede, die sich besonders bei der Entwicklung des Aromas zeigen.

5. Von der Kellerbehandlung. Hierunter versteht man gewisse menschliche Eingriffe zur Unterstützung und Leitung der natürlichen Prozesse. Die Einzelheiten sind durch die Ausführungsbestimmungen des Bundesrats geordnet.

§ 2.

Es ist gestattet, Wein aus Erzeugnissen verschiedener Herkunft oder Jahre herzustellen (Verschnitt). Dessertwein (Süd-, Süßwein) darf jedoch zum Verschneiden von weißem Weine anderer Art nicht verwendet werden.

1. Der erste Satz könnte entbehrlich scheinen; denn nach den übrigen Vorschriften müßte die Mischung verschiedener Erzeugnisse des Weinbaues als zulässig gelten, auch ohne daß es ausdrücklich gesagt wäre. Da aber die Gesetze von 1892 und 1901 bei gleicher Rechtslage eine solche besondere Vorschrift enthielten, könnte es zu Zweifeln führen, wenn sie in dem neuen Gesetz gefehlt hätte (Entw.).

Das Wort „Erzeugnisse" nimmt Rücksicht darauf, daß für die Vermischung nicht nur fertiger Wein, sondern ebenso Trauben, Traubenmaische oder Traubenmost in Betracht kommen.

Der Verschnitt, Coupage, Verstechen, Vermischen ist also fast in vollem Umfange erlaubt geblieben, soweit nicht, siehe Anm. 5, der Weißweinverschnitt mit Südwein in Frage kommt.

Dem Wortlaute des Gesetzes nach ist die Erlaubnis zur Coupage sogar erweitert gegen früher, freilich nur scheinbar, denn Vermischen mit Most usw. ist als „anerkannte Kellerbehandlung" stets gebräuchlich und zulässig gewesen.

Die weitgehende Erlaubnis des § 2 betrifft aber nur die objektive Handlung der Herstellung des Weines: der wichtige Umstand der Benennung des Erzeugnisses findet in § 7 seine Regelung (Anm. 2).

Zu beachten bleibt folgendes:

A. erlaubt ist der Zusatz

a) von Wein zu Wein (beide rot oder weiß oder verschieden, inländisch oder ausländisch oder beides);

b) von Most zu Wein (roter oder weißer Wein mit Most von beliebigen Trauben, inländisch oder ausländisch oder beides);
c) von Most mit Most, gleichgültig von was für Trauben;
d) von Traubenmaische mit Traubenmaische, beides von roten Trauben;
e) von Trauben mit Trauben beliebiger Art;

B. nicht erlaubt ist die Mischung
a) von Wein mit Traubenmaischen;
b) von Most mit Traubenmaische;
c) von Weißwein mit Dessertwein;
d) von roter und weißer Traubenmaische.

Die unter A a—e aufgeführten Eventualitäten haben zur stillschweigenden Voraussetzung, daß beide bzw. sämtliche Komponenten (es ist auch zulässig, Wein mit mehreren Sorten Most zu versetzen) den Anforderungen des Gesetzes entsprechen, nicht nur der bereits fertige Wein.

Werden Zutaten, die nach diesem Gesetze nicht Wein bzw. zulässige Erzeugnisse sind, zum Verschneiden verwendet, so braucht nicht notwendig ein unerlaubtes Produkt zu resultieren, aber es ist niemals Wein im Sinne dieses Gesetzes. Wird z. B. Traubenwein und Obstwein miteinander gemischt, so ist das Verfahren zur Verbesserung des letzteren durchaus zulässig, aber es ist kein Wein.

Die Vereinigung von Weinneigen ist eine unappetitliche Pantscherei, die nicht als „Verschnitt" gelten kann.

2. Rechtliche Folgen knüpfen sich an den Verschnitt, von dem Verbote des Verschnitts von Dessertwein mit weißem Weine anderer Art abgesehen, nur für die Bezeichnung der dadurch gewonnenen Erzeugnisse (Entw.).

3. Die Gestattung der Coupage ist vorzugsweise darauf zurückzuführen, daß die einzelnen Jahrgänge desselben

Weinbaugebietes keineswegs immer den gleichen Wein liefern, während dagegen das Publikum von den Weinen einer bestimmten Lage immer gleiche Eigenschaften erwartet. Diesen Erwartungen kann nur in gewissem Grade durch den Verschnitt entsprochen werden. Dagegen ist es nach dem „Entw." als Mißbrauch zu bezeichnen, wenn Erzeugnissen von geringem Werte durch Zusatz verhältnismäßig unbedeutender Mengen anderer Erzeugnisse von durchgreifendem Geschmack der Anschein wertvoller Beschaffenheit gegeben wird, um dem Abnehmer Edelsorten oder Auslesen vorzutäuschen. Im allgemeinen soll es den Vorschriften des § 7 über die Bezeichnung von Verschnitten überlassen werden, solchem und anderem Mißbrauch entgegenzuwirken. Nur der für den deutschen Weinbau empfindlichste Fall des Verschnitts kleiner weißer Sorten mit Dessertwein ist durch den zweiten Satz des § 2 noch besonders getroffen worden.

Dagegen ist zweifellos erlaubt geblieben, umgekehrt weißen Dessertwein mit weißem Wein zu verschneiden, dergestalt, daß das Erzeugnis Südwein bleibt. Dieses Verfahren, das zur Aufhellung dunkler Südweine vielfach Anwendung findet, zu untersagen, war niemandes Absicht.

4. Unter „Herkunft" ist, wie sich aus der Gegenüberstellung der Begriffe „Herkunft" und „Jahre" ergibt, der Ort der Traubengewinnung zu verstehen. In diesem Sinne ist das Wort auch an anderen Stellen des Gesetzes gebraucht (Entw.).

5. Die Dessertweine haben in dem jetzigen Gesetz nur noch einen sehr geringen Platz. Doch geht aus dem Zusammenhang genügend deutlich hervor, daß sie als vollwertige ausländische Weine im Sinne des Gesetzes aufgefaßt werden, bei denen die „Kellerbehandlung" zwar tief eingreifend, aber doch anerkannt ist. Ob im einzelnen Falle ein Dessertwein als echt oder verfälscht anzusehen ist, muß aus dem Nahrungsmittelgesetz beurteilt werden,

da das vorliegende Gesetz, wie gesagt, keine Handhabe dafür bietet. In erster Linie bleibt aber die Herstellung aus Traubensaft maßgebend.

Auch nach dem „Entwurf" ist der Ausdruck Dessertwein (Südwein, Süßwein) dem früheren Gesetz entnommen und als der Praxis geläufig angesehen worden.

In der Reichstagskommission wurde trotzdem von einem Mitgliede eine Definition des Begriffs Dessertwein (Süß- und Südwein) gewünscht.

Ein Vertreter der Regierung gab folgende Erklärung ab:

> „Unter Dessertwein (Süd-, Süßwein) versteht der Verkehr gemeinhin Wein, der zur Erzielung eines durch die Gärung des Saftes frischer Trauben allein nicht erreichbaren hohen Gehalts an Alkohol oder an Alkohol und Zucker besonderen Verfahren (Eindicken des Mostes u. dgl.) in der Regel unter Verwendung gewisser Zusätze (Alkohol, Trockenbeeren u. a.) unterworfen worden ist und sich durch den solchen Getränken eigentümlichen Geschmack auszeichnet. In diesem Sinne sind die Ausdrücke Dessertwein (Süd-, Süßwein) auch in § 2 des Entwurfs gebraucht. Als „Südwein" ist demgemäß, wie noch besonders bemerkt sein möge, nicht ohne weiteres jeder Wein anzusehen, der aus südlichen Ländern stammt, es müssen vielmehr bei solchem Weine die angegebenen Merkmale zutreffen, wenn er unter diesen Begriff fallen soll."

Diese Erklärung fand die Billigung einer zu ihrer Prüfung eingesetzten Subkommission und danach der Kommission.

Nicht nur diese Erklärung des Regierungsvertreters der Dessertweine als „Wein", sondern auch das Gesetz selbst lassen die zu Eingang dieser Anmerkung ausgesprochene Ansicht als richtig erscheinen. Würde nämlich das Gesetz die Südweine nicht mehr als „Wein" auffassen, dann hätte es des Verschnittverbotes in § 2 gar nicht bedurft, da ein Verschnitt nur mit Wein bzw. entsprechenden Erzeugnissen zulässig ist.

Es erscheint daher von Wert die **Begriffsbestimmung des ersten Weingesetzes von 1892** für die Dessertweine hier anzuführen, über die in den Motiven folgendes gesagt war:

Unter Dessertweinen sind im allgemeinen solche Weine zu verstehen, welche an Alkohol bzw. an Alkohol und Zucker reich sind und sich dabei durch eine Feinheit des Geschmackes auszeichnen.

Danach würde z. B. ein Sherry oder Madeira als Dessertwein anzusehen sein, während der auch in Deutschland als Verschnittwein viel Verwendung findende Benicarlo als Dessertwein nicht gelten könnte, da derselbe zwar einen hohen Alkoholgehalt zeigt, allein durch Feinheit des Geschmackes sich nicht auszeichnet.

Als Süßweine gelten insbesondere solche an Alkohol verhältnismäßig reiche Weine, welche nach vollendeter Gärung, also als fertige Weine, einen ausgeprägt süßen Geschmack zeigen.

Eine scharfe für alle Fälle gültige Begriffsbestimmung läßt sich kaum geben. Im Zweifelsfalle wird die erfahrene Zunge des Weinkenners und nicht die chemische Analyse den Ausschlag geben müssen.

Wenn auch das Gesetz keine bestimmte Grenze für den Alkoholzusatz gibt, so muß die Menge sich doch an eine gewisse Norm anlehnen. Als eine solche würde besonders auch die **Geschmacksrichtung** der Konsumenten gelten.

In der Reichstagskommission von 1901 machte ein Mitglied (S. 12 des Berichts) mit Recht darauf aufmerksam, daß die Dessertweine, die schon von Natur 10—12 % Alkohol enthielten, eines Zusatzes zum Zwecke der „Haltbarmachung“ kaum mehr bedürften, daß deshalb eine Erhöhung bis auf 18 % wohl ausgeschlossen sei. Regierungsseitig wurde darauf entgegnet, daß bei Südweinen der Alkoholzusatz in der Regel nicht zum Zwecke der Haltbarmachung, sondern zu dem Behufe erfolge, um ihnen die vom Käufer und Verbraucher gewünschte Beschaffenheit zu verleihen. Nach der Art und Weise, wie der Alkoholzusatz erfolge, sei wohl nicht daran zu zweifeln, daß derselbe als ein Teil der Kellerbehandlung anzusehen sei. Nach der Fassung des § 2 Ziff. 1 (Ges. v. 1901) sei aber ausdrücklich auch zur Kellerbehandlung der Weine der Zusatz von Alkohol gestattet. Finde ein übermäßiger, als Verfälschung sich darstellender Alkoholzusatz zu Südweinen statt, so blieben selbstverständlich die Bestimmungen des Nahrungsmittelgesetzes solchen Manipulationen gegenüber anwendbar.

6. Strafbestimmung in § 26 Ziff. 1.

§ 3.

Dem aus inländischen Trauben gewonnenen Traubenmost oder Weine, bei Herstellung von Rotwein auch der vollen Traubenmaische, darf Zucker, auch in reinem Wasser gelöst, zugesetzt werden, um einem natürlichen Mangel an Zucker beziehungsweise Alkohol oder einem Übermaß an Säure insoweit abzuhelfen, als es der Beschaffenheit des aus Trauben gleicher Art und Herkunft in guten Jahrgängen ohne Zusatz gewonnenen Erzeugnisses entspricht. Der Zusatz an Zuckerwasser darf jedoch in keinem Falle mehr als ein Fünftel der gesamten Flüssigkeit betragen.

Die Zuckerung darf nur in der Zeit vom Beginne der Weinlese bis zum 31. Dezember des Jahres vorgenommen werden; sie darf in der Zeit vom 1. Oktober bis 31. Dezember bei ungezuckerten Weinen früherer Jahrgänge nachgeholt werden.

Die Zuckerung darf nur innerhalb der am Weinbaue beteiligten Gebiete des Deutschen Reichs vorgenommen werden.

Die Absicht, Traubenmaische, Most oder Wein zu zuckern, ist der zuständigen Behörde anzuzeigen.

Auf die Herstellung von Wein zur Schaumweinbereitung in den Schaumweinfabriken finden die Vorschriften der Abs. 2, 3 keine Anwendung.

In allen Fällen darf zur Weinbereitung nur technisch reiner nicht färbender Rüben-, Rohr-, Invert- oder Stärkezucker verwendet werden.

1. Entsprechend den allgemeinen Gesichtspunkten über das Zuckern des Weines geht § 3 von dem reinen Weine aus, wie er in einer Gegend, Gemarkung oder Lage aus einer bestimmten Traubensorte oder aus der Mischung mehrerer Traubensorten in Jahren der Traubenreife gewonnen wird, und gestattet, Erzeugnisse gleicher Herkunft und Art bei einem natürlichen Mangel an Zucker bzw. Alkohol oder einem Überschuß an Säure solchem Weine durch Zusatz von Zucker oder Zuckerwasser anzunähern. „Bei einem natürlichen Mangel" will demnach besagen, daß die Ungunst eines Jahres die Trauben nicht soweit hat reifen lassen, wie es am gegebenen Orte in Jahren der Reife zu geschehen pflegt. Wird dagegen die volle Entwicklung der Trauben durch vorzeitige Lese willkürlich unterbrochen, so kann von natürlichem Mangel nicht gesprochen werden. Entscheidend ist der Reifegrad der im einzelnen Falle in Betracht kommenden Traubenmenge; nicht etwa der in dem betreffenden Jahre in einer Gemarkung oder einem anderen örtlichen Bezirke von den Trauben durchschnittlich erreichte Reifegrad.

Zum Vergleiche soll das Erzeugnis aus guten Jahrgängen dienen. Vorausgesetzt wird demnach, daß die

Trauben am gegebenen Orte mindestens in günstigen Jahren zur Reife kommen. Erzeugnisse von Lagen, in denen dies nie der Fall ist, sind demnach von der Vergünstigung des § 3 ausgeschlossen. Vgl. Anm. 3.

Bei der zweifelsfreien Ausdrucksweise des Gesetzes, daß das Zuckern nur einem natürlichen Mangel an Zucker bzw. Alkohol oder einem Übermaß von Säure abzuhelfen bestimmt sei, muß jeder andere erlaubte Zweck ausscheiden, insbesondere auch der, durch Umgärung kranker Weine brauchbare Getränke zu erzielen oder den Charakter eines nicht an den genannten Fehlern leidenden Weines zu ändern.

2. Bei der Ausführung des Zuckerns bleibt zu beachten, daß Zucker und Wasser nicht mehr als ein Fünftel ausmachen und daß nicht etwa das Wasser allein als volumvermehrend anzusehen ist. 1 kg Zucker nimmt (im flüssigen Zustande) etwa 0,6 l ein; bei der Gärung liefert 1 kg Zucker rund ½ kg Alkohol mit etwa 600 cc Platzverbrauch. „Für den Zuckerzusatz gibt das Mostgewicht, das mit einfachen, allerwärts gebräuchlichen Hilfsmitteln leicht mit ausreichender Genauigkeit ermittelt werden kann, das sichere Maß. Schwieriger ist die Bestimmung der Grenze des Zusatzes an Zuckerwasser, zumal bei Most neben dem augenblicklich vorhandenen Säuregrade der erst nach der Hauptgärung eintretende natürliche Säureverlust in Betracht gezogen werden muß. Diese Schwierigkeit besteht jedoch, einerlei wie die Vorschriften des Gesetzes lauten, für jeden, der in sachgemäßer Weise zuckern will. Auch kann es nicht als unbillig gelten, von dem, der einen so tief gehenden Eingriff in die natürliche Zusammensetzung des Weines unternimmt, zu verlangen, daß er Rechenschaft von den Folgen zu geben vermag, daß er sich also, wenn seine eigenen Kenntnisse hierzu nicht ausreichen, bei Sachverständigen Rats erholt. Die Möglichkeit des Irrtums bleibt allerdings angesichts des nach Ursache und Verlauf noch nicht genügend bekannten Vorganges des natürlichen

Säureverlustes auch für den durchaus Sachkundigen. Ist aber die aus diesem Grunde gebotene Vorsicht angewendet worden, so bleibt ein solcher Irrtum von Strafe frei, da auch in den Fällen des § 29 Nr. 6 die Strafbarkeit durch ein, wenn auch nur eine Fahrlässigkeit darstellendes Verschulden bedingt ist" (Entw.).

Soll Weißwein gezuckert werden, so bleibt es überlassen, die Zuckerung entweder beim Most oder beim Wein (vor oder nach der Gärung) vorzunehmen. Bei Rotwein ist nicht zu übersehen, daß nur der Wein oder die noch volle Traubenmaische gezuckert werden darf. Ist von letzterer ein Vorlauf entnommen, so ist die Maische nicht mehr voll und demgemäß nicht zuckerungsfähig. Diese Fähigkeit wird nach vollständiger Trennung des Mostes von den Kämmen aber wieder erlangt. Weiße Traubenmaische ist überhaupt nicht zuckerungsfähig.

Die Berechnung der für eine Rotweinmaische zulässigen Zuckerwassermenge hat nicht unter Zugrundelegung der Menge der vollen Maische, sondern nur des zu erwartenden Weines zu geschehen (s. den „Bericht" hierunter).

Der Zucker darf sowohl in Substanz als in Form wässeriger Lösung zugesetzt werden, Wasser ohne Zucker jedoch nie.

„Auf eine Anfrage aus der Kommission, wie sich für Rotweinmaische die Berechnung gestalte, wurde erwidert, daß die Ausbeute nach Traubensorten und Jahren verschieden sei und deshalb an der Hand der Erfahrung von Fall zu Fall geschätzt werden müsse. Im allgemeinen könne man auf 100 l Maische 75 l Most rechnen; bei entrappter Maische etwas mehr, bei Maische, welche die Rappen enthalte, etwas weniger.

Aus der Mitte der Kommission wurde diese Schätzung unter gleichen Vorbehalten als richtig anerkannt.

Bei dieser Gelegenheit wurde erörtert, ob es nötig sei, die ‚entrappte' Maische besonders zu erwähnen.

Der Vertreter der Regierung bemerkte hierzu:

„Volle Maische bedeute Maische, die noch den ganzen Traubensaft enthalte im Gegensatze zu bereits teilweise entmosteter Maische, wie sie z. B. nach der Claretgewinnung in den Schaumweinfabriken verbleibe. Wie die Maische angesetzt sei, mit oder ohne Rappen, sei dabei völlig gleichgültig. Die Begriffe volle Maische und entrappte Maische ständen demnach in keinem Gegensatze zueinander; eine entrappte Maische könne ‚voll' und eine mit den Rappen angesetzte ‚nicht voll' sein. Der Antrag, der vollen Maische die entrappte gegenüberzustellen, sei nur geeignet, Unklarheit hierüber zu schaffen, und werde deshalb abzulehnen sein.'

Die Kommission war der Ansicht, daß die Entrappung der Weinbeeren jedenfalls kein Grund sei, die Zuckerung der Rotweinmaische zu verbieten, und beschloß, vorbehaltlich der Prüfung vorstehender Einwendungen, in der zweiten Lesung der jetzigen Fassung des ersten Satzes zu entsprechen.

Ebenso wurde beschlossen, das Mischungsverhältnis für den Zusatz von Zuckerwasser nach dem fertigen Produkt zu bestimmen und auf 1/5 desselben festzusetzen" (Bericht).

Unter Entrappung versteht man die Entfernung der Kämme und Stiele, während die Schalen der Beeren zur Maische immer zugehören.

3. Gute Jahrgänge. In der Regierungsvorlage hatte sich ursprünglich „Jahre der Reife" befunden.

„Aus der Mitte der Kommission wurde gefragt, wie der Ausdruck ‚gute Jahrgänge' zu verstehen sei; einerseits sei das Produkt auch in sog. guten Jahren nach Gegenden und Lagen verschieden und anderseits gäben reiche Ernten meist ein geringeres Produkt, während sich umgekehrt oft geringe Menge mit guter Qualität vereinige. Es wurde Einverständnis darüber erzielt, daß als gute Jahrgänge nur solche mit guter Qualität zu betrachten seien, daß aber auch in solchen, die nach Gegend und Lage vorhandenen Unterschiede bei der Beurteilung des einzelnen Falles berücksichtigt werden müßten; in zweifelhaften Fällen werde man hierbei nicht zu streng sein dürfen" (Bericht). Guter Jahrgang ist nicht gleichbedeutend mit „ausnahmsweise" guter Jahrgang; der soll nicht als Maßstab dienen, sondern ein normalerweise guter.

4. Reines Wasser. Als reines Wasser kann nur ein „chemisch-reines" Wasser, also destilliertes in erster Linie verstanden sein. Wenigstens soll das Wasser so wenig fremde und feste Bestandteile enthalten, daß dadurch kein Einfluß auf die Beschaffenheit des Weines bedingt wird.

Reinheit im grob-mechanischen Sinne ist selbstverständlich und braucht nicht erst gesetzlich vorgeschrieben werden.

5. Die Vermehrung des Weines durch die Zuckerung ist auf das erforderliche Mindestmaß beschränkt. Die Berechnung der nötigen Zucker- und Wassermenge geschieht unter Zugrundelegung der Durchschnittzahlen „guter Jahrgänge" betreffs Alkohol und Säure. Ist mit dem zulässigen Maximalzusatz von 20% der beabsichtigte Erfolg nicht zu erzielen, so muß es trotzdem dabei sein Bewenden haben.

6. Voraussetzung für die Zulässigkeit des Zuckerzusatzes ist noch daß der Traubenmost oder Wein aus inländischen, d. h. deutschen Trauben gewonnen ist.

7. Zeitliche Beschränkung des Zuckerns. „Das Gesetz rechnet damit, daß zwar in den weitaus meisten Fällen die Zuckerung am Most vorgenommen wird, daß es sich aber unter Umständen empfiehlt, den in der Regel nach der Hauptgärung eintretenden natürlichen Säurerückgang abzuwarten. Unter gewöhnlichen Verhältnissen wird in allen deutschen Weinbaugebieten die vorgesehene Frist dazu ausreichen. Genügt sie ausnahmsweise nicht, so eröffnet der zweite Halbsatz die Möglichkeit, die

Zuckerung im folgenden Herbste oder in einem späteren Jahre nachzuholen.

Die Beschränkung des Zuckerns auf einige Monate jeden Jahres wird die Überwachung erleichtern; sie richtet sich aber hauptsächlich gegen die von den natürlichen Bedürfnissen des Weinbaues losgelöste, gewerbsmäßige Ausnutzung des Zuckerns in Betrieben, die man nicht unpassend Weinfabriken genannt hat. Es darf angenommen werden, daß derartige Betriebe nicht aufrechterhalten werden können, wenn ihnen die Möglichkeit entzogen ist, das Gärgeschäft über das ganze Jahr zu verteilen und so ihr Anlagekapital dauernd auszunutzen. Mit dieser Art des Gärbetriebs wird eine der schlimmsten Gefahren unterdrückt werden" (Entw.).

Der Wortlaut des Gesetzentwurfes hatte auch die Nachzuckerung ungenügend gezuckerter Weine in einem späteren Jahre zugelassen. Die Kommission setzte aber bei dem Nachsatz des Abs. 2 das Wort „ungezuckerten" hinzu und schloß damit eine nochmalige Verbesserung, selbst wenn sie einschließlich der ersten Zuckerung sich im Rahmen der Maximalzulässigkeit bewegt, gänzlich aus.

Es muß, da diese Bestimmung zum Zwecke besserer Kontrolle erfolgte, darum angenommen werden, daß auch (irgendwie konservierte) Moste nicht zum zweiten Male gezuckert werden dürfen, obgleich das Gesetz ausdrücklich nur von „Weinen" spricht.

8. Örtliche Begrenzung. Ursprünglich hatte der Entwurf die Vorschrift enthalten, daß die Zuckerung nur in dem Weinbaugebiete ausgeführt werden durfte, dem die Trauben entstammten. Die Kommission beseitigte aber diese Beschränkung und setzte dafür die jetzige Bestimmung. An Orten, die dem deutschen Weinbaugebiet nicht angehören, darf demnach nicht gezuckert werden. Diese Vorschrift dient ausschließlich der besseren Kontrolle.

Die Grenzen des deutschen Weinbaugebietes festzusetzen, sind durch § 25 Abs. 4 die Landeszentralbehörden im Einvernehmen mit dem Reichskanzler ermächtigt.

9. Anzeige der Zuckerung. Durch Bekanntmachung des Bundesrats v. 9. 7. 09 ist ein Anzeigeformular vorgeschrieben. Vgl. weiter hinten. Die Zuckerung älterer Jahrgänge muß wenigstens eine Woche vorher angezeigt werden.

10. Wegen Schaumwein vgl. § 17.

11. Die erlaubten Zuckerarten müssen sämtlich technisch rein sein, d. h. sie dürfen nur bis etwa 1% fremde Stoffe enthalten, insbesondere frei von färbenden Bestandteilen sein.

Rohrzucker ist der dem Zuckerrohr entstammende Zucker.

Rübenzucker, das gleiche chemische Individuum wie Rohrzucker, aber aus Zuckerrüben gewonnen.

Invertzucker, ein Gemisch von Fruchtzucker und Dextrose, wird aus Rübenzucker durch Einwirkung von Säuren gewonnen. Er kommt auch als Sirup mit 80% Zucker und 20% Wasser in den Handel.

Stärkezucker oder Dextrosezucker wird, wie der Name sagt, aus Stärke gewonnen.

12. Strafbestimmungen in § 26 Ziff. 1 u. § 29.

§ 4.

Unbeschadet der Vorschriften des § 3 dürfen Stoffe irgendwelcher Art dem Weine bei der Kellerbehandlung nur insoweit zugesetzt werden, als diese es erfordert. Der Bundesrat ist ermächtigt, zu bestimmen, welche Stoffe verwendet werden dürfen, und Vorschriften über die Verwendung zu erlassen. Die Kellerbehandlung umfaßt die nach Gewinnung der Trauben auf die Herstellung, Erhaltung und Zurichtung des Weines bis zur Abgabe an den Verbraucher gerichtete Tätigkeit.

Versuche, die mit Genehmigung der zuständigen Behörde angestellt werden, unterliegen diesen Beschränkungen nicht.

1. In der Fassung des § 4 besteht einer der Hauptunterschiede zwischen dem Gesetz von 1901 und dem jetzigen. Das frühere Gesetz sprach von einer „anerkannten" Kellerbehandlung, und führte eine gewisse Zahl von Stoffen auf, deren Verwendung auf alle Fälle als „anerkannt" gelten sollte, erklärte deren Zahl aber keineswegs für geschlossen. Infolgedessen mußte in zahlreichen Fällen gerichtliche Entscheidung darüber ergehen, ob ein Verfahren zu den „anerkannten" Methoden zu rechnen sei oder nicht.

Das hat besonders bei der Anwendung neuer Mittel und Verfahren, auch mit Rücksicht auf § 3 Abs. 1 Nr. 6 des alten Gesetzes zu mancherlei Schwierigkeiten und Zweifeln geführt, vor denen die Kellerwirtschaft in Zukunft sicherer sein wird. Gerade der Wunsch, diese Sicherheit zu geben und gleichzeitig zu ermöglichen, Fortschritte der Wissenschaft und Technik der Kellerwirtschaft ohne Änderung des Gesetzes nutzbar zu machen, hat zu dem jetzigen Zustand geführt, für die Einzelvorschriften die beweglichere Form der Ausführungsverordnung zu bestimmen. Welche Vorschriften überhaupt nach Ansicht der Regierung in Frage kommen, ergibt ein der Reichstagskommission regierungsseitig überreichtes Verzeichnis der für die Kellerbehandlung in Betracht kommenden Verfahren, das jedoch dem Bundesrate nicht vorgelegen hat und auf Vollständigkeit keinen Anspruch macht. Es ist folgendes (Anlage 1 zum Kommissionsbericht)

Verzeichnis der für die Kellerbehandlung des Weines in Frage kommenden Verfahren.

1. Vergären von Maische, Most oder Wein mit frischer, gesunder, flüssiger Weinhefe (Drusen) oder Reinhefe; zur Anzucht der Reinhefe darf nur Traubenmost verwendet

werden; der Zusatz der flüssigen Weinhefe darf nicht mehr als 5 Raumteile auf 1000 Raumteile der zu vergärenden Flüssigkeit betragen; die vorherige Vermehrung dieser Hefemenge darf in einem Teile des Mostes oder des entgeisteten, mit einer geringen Menge Zucker versetzten Weines vorgenommen werden;

2. Entsäuerung mittels reinen, gefällten, kohlensauren Kalks;

3. Einschwefeln der Aufbewahrungsgefäße, sofern hierbei nur geringe Mengen von schwefliger Säure oder Schwefelsäure in die Flüssigkeiten gelangen. Gewürzhaltiger Schwefel darf hierbei nicht verwendet werden;

4. Behandeln der Korkstopfen und Ausspülen der Aufbewahrungsgefäße mit reinem, hochprozentigem Alkohol, wobei jedoch für eine möglichst vollständige Entfernung des Alkohols nach erfolgter Anwendung Sorge zu tragen ist;

5. Verwendung von reiner, gasförmiger oder komprimierter Kohlensäure oder der bei der Gärung entstehenden Kohlensäure, sofern hierbei nur geringe Mengen des Gases in den Wein gelangen;

6. Klärung (Schönung) mittels nachgenannter, technisch reiner Stoffe:

a) in Wein gelöster Hausen-, Stör- oder Welsblase;
b) Gelatine, bei gerbstoffarmen Weinen auch in Verbindung mit Tannin bis zur Höchstmenge von 30 g Tannin auf 1000 l Wein;
c) Eiweiß;
d) Käsestoff (Kaseïn);
e) mechanisch wirkender Filterdichtungsstoffe (Asbest, Zellulose u. dgl.);

7. Verwendung von ausgewaschener Holzkohle und gereinigter Knochenkohle;

8. Zusatz von kleinen Mengen gebrannten Zuckers (Zuckercouleur) bei der Behandlung von ausländischen Dessertweinen (Süd-, Süßweinen);

9. Zusatz von reinem, hochprozentigem Alkohol zu ausländischen Dessertweinen (Süd-, Süßweinen) bis zu der im Ursprungslande gestatteten Höhe.

Die ergangenen Ausführungsbestimmungen vom 9. Juli 1909 (s. hinter dem Gesetz) lehnen sich hieran auf das engste an.

Beachtlich bleibt, daß das Gesetz den Bundesrat nur insoweit bevollmächtigt hat, als er Bestimmung darüber trifft, welche Stoffe verwendet werden dürfen und wie diese Verwendung stattfinden soll.

Methoden, bei denen es sich lediglich um physikalische Verfahren handelt, die die Verwendung fremder Stoffe nicht erfordern, finden ihre Beurteilung auch jetzt nur durch Satz 1 des § 4: erfordert die Kellerbehandlung solche Eingriffe, so sind sie zulässig. Zweifellos liegt hierin ein gewisser Mangel des Gesetzes, der hätte vermieden werden können, wenn der Text gelautet hätte: „Stoffe und Verfahren".

Als Beispiele rein physikalischer Methoden seien erwähnt: Lüften, Filtrieren, Temperatureinflüsse, Elektrizität in verschiedener Anwendungsart usw.

Die jetzige Form des Gesetzes schließt auch nicht die Entziehung von Stoffen (Alkohol) aus.

2. Die Kellerbehandlung wird erklärt als diejenige gewerbliche Handlung, die in sich begreift

a) die Herstellung des Weines, soweit sie nach Gewinnung der Trauben liegt,
b) die Erhaltung des Weines bis zur Abgabe an den Verbraucher,
c) die Zurichtung des Weines bis zur Abgabe an den Verbraucher.

Die Wiederherstellung kranker Weine ist unter keine der drei Kategorien zu rubrizieren. Der Regierungsentwurf hatte die Umgärung kranker Weine zwar vorgesehen; mit Recht hat aber die Kommission dieses Zugeständnis ausdrücklich gestrichen.

Besonders wurde darauf aufmerksam gemacht, daß gerade gezuckerte Weine leicht krank werden. Wenn das Umgären beibehalten bliebe, könnten unter dem Schutze des Gesetzes förmliche Weinsanatorien und Weinkliniken entstehen. Die Weingesetze des Auslandes kennten das Verfahren nicht; lasse man es in Deutschland zu, so schaffe man die Gefahr, daß Deutschland ein Absatzgebiet für ausländische kranke Weine würde". (Bericht.)

3. Die Weiterverarbeitung von Wein zu Schaumwein oder weinhaltigen Getränken, insbesondere auch zu sogenanntem aromatisierten Weine (Maiwein, Wermutwein und dergleichen) oder zu Arzneiwein (Chinawein, Pepsinwein und dergleichen) fällt nicht unter § 4, sondern unter § 16 des Gesetzes.

4. Strafbestimmungen in §§ $26,_1$ $29,_6$ und 31.

§ 5.

Es ist verboten, gezuckerten Wein unter einer Bezeichnung feilzuhalten oder zu verkaufen, die auf Reinheit des Weines oder auf besondere Sorgfalt bei der Gewinnung der Trauben deutet; auch ist es verboten, in der Benennung anzugeben oder anzudeuten, daß der Wein Wachstum eines bestimmten Weinbergsbesitzers sei.

Wer Wein gewerbsmäßig in Verkehr bringt, ist verpflichtet, dem Abnehmer auf Verlangen vor der Übergabe mitzuteilen, ob der Wein gezuckert ist, und sich beim Erwerbe von Wein die zur Erteilung dieser Auskunft erforderliche Kenntnis zu sichern.

1. Die §§ 5 8 regeln die Bezeichnung der Weine. Einer unmittelbaren Kennzeichnung bedarf es bei den gezuckerten Weinen nicht. Die durch das ganze neue Gesetz gehende, wohltuende Tendenz, größtmögliche Auf-

richtigkeit im Verkehr mit Wein zu schaffen, hat aber das bereits im früheren Gesetz vorhanden gewesene Verbot der Verschleierung gezuckerter Weine noch verschärft. Nicht nur, daß bei der Benennung gezuckerter Weine alle Angaben zu vermeiden sind, die direkt oder indirekt die Versicherung gänzlicher Naturreinheit verheißen, sondern es ist eine ausdrückliche Auskunftspflicht und auch Fragepflicht statuiert, die, wenn sie richtig gehandhabt wird, in der Tat geeignet erscheint, das Vertrauen im Weinhandel und Verkehr wieder zu heben.

2. In der Reichstagskommission wurde seitens der Regierung bemerkt, daß sachlich kein Unterschied zwischen „Naturreinheit" und „Reinheit" des Weines bestehe. Auch Beiworte wie „echt", „original" und ähnliche könnten gezuckerten Weinen nicht beigelegt werden.

„Zwängen die klimatischen Verhältnisse auch, das Zuckern in bemessenen Grenzen zu gestatten, um nicht große Teile der Weinernte alljährlich unverkäuflich zu lassen, so sei doch kein Zweifel, daß das Publikum im allgemeinen dem ohne Zuckerzusatz trinkbaren Weine den Vorzug gebe. Es sei darum nur billig, wenn man verhindere, daß gezuckerter Wein unter Bezeichnungen verkauft werde, wie sie für Qualitätsweine gebräuchlich seien, bei denen kein unbefangener Käufer Zuckerung voraussetze oder nur für angängig halte. Hierher gehörten neben Angaben wie Auslese, Ausbruch und dergleichen in erster Linie die Angabe des Gewächses, dann aber auch die Lagenamen, in denen das Publikum nicht nur eine einfache Herkunftsangabe, sondern eine Qualitätsbezeichnung zu sehen gewohnt sei. Es sei eine Übertreibung, wenn gesagt werde, die Vorlage mache gezuckerten Wein namenlos; Jahrgang, Gemarkung und gegebenenfalls Traubensorte genügten vollkommen; man könne eher zweifeln, ob nicht das Zugeständnis der Traubensorte zu weit gehe. Dem Interesse des Verkäufers an guten Preisen stehe gleichberechtigt das Recht des Käufers auf preiswerte Ware gegenüber. Überdies

5*

könne es nur zur Hebung des Weinbaus beitragen, wenn dem reinen Weine das Recht auf Qualitätsbezeichnungen vorbehalten bleibe, da dann der eigene Vorteil Weinbauer und Händler darin bestärken oder wieder dahin führen werde, vom Zuckern soweit irgend möglich, abzusehen" (Bericht).

3. Zur Charakteristik der „Benennung" gab der Regierungsentwurf die folgende, in der Kommission ausdrücklich wiederholte und dort gutgeheißene Erklärung ab:

„Als ‚in die Benennung des Weines' aufgenommen ist eine Angabe anzusehen, wenn sie auf Etiketten, in Preisverzeichnissen und dergleichen mit den sonstigen Namen des Weines derart in Verbindung gebracht ist, daß sie in den Augen des Abnehmers als zur Kennzeichnung der Eigenart des Weines dienend erscheinen muß. Dies ist z. B. bei dem Namen eines Weinbergbesitzers der Fall in Angaben wie ‚Wachstum des N. N.', ‚Kreszenz N. N.', ‚Aus den Weinbergen des N. N.' und ähnlichen, während die Vorschrift der Angabe des Verkäufers, auch wenn er Weinbergsbesitzer sein sollte, nicht entgegensteht, sofern eine solche Beziehung zu der Benennung des Weines vermieden wird."

Erlaubt wäre z. B. ein Etikett, das neben der Bezeichnung des Weines, etwa

Forster Riesling

die Angabe trägt

Friedrich Müller, Weingutsbesitzer in X.

Nicht erlaubt wäre

Weingut von Friedrich Müller:
Forster Riesling.

4. Andeutung des Namens. „Die Frage, was unter ‚Andeutung' des Namens eines Weinbergbesitzers zu verstehen sei, beantwortete der Regierungsvertreter dahin, daß darunter ebensowohl der Gebrauch erfundener Namen fallen werde, wie verschleierte Angaben, etwa die Bezeichnung ‚eigenes Gewächs' oder ‚Eigenbau' unter gleichzeitiger, wenn

auch äußerlich getrennter Angabe des Liefernden oder zweideutige Angaben, die nach dem Sprachgebrauche engerer Fachkreise vielleicht nicht auf Weinbergbesitz bezogen würden, aber in den Augen unbefangener Käufer darauf deuteten, z. B. Angaben wie ‚Selbstgebaut von N. N.‘, ‚Selbstgezogen von N. N.‘ Fachleute würden darunter vielleicht nur Hinweise auf die Kellereien von N. N. sehen, unbefangene Käufer aber sehr wahrscheinlich Hinweise auf Weinbergsbesitz.

Eine weitere Anfrage, wie es zu beurteilen sei, wenn ein Händler oder Wirt durch Inserate, Aufschriften auf Geschäftspapieren oder durch Plakate in den Geschäftsräumen den Anschein erwecke, als verkaufe oder verschänke er Naturwein, während er tatsächlich gezuckerten Wein abgebe, wurde dahin beantwortet, daß solchem Verfahren straf- und zivilrechtlich nach dem Wettbewerbsgesetz entgegengetreten werden könne; auch hier gelte aber, daß die Geschädigten selbst sich der Sache annehmen müßten" (Bericht).

5. Zum Begriff des Verkaufs gehört nicht nur das Übereinkommen der beiden Kontrahenten, des Käufers und des Verkäufers, sondern auch die Übernahme der Verfügungsgewalt durch den Käufer, d. h. der Kaufvertrag muß auch erfüllt sein. RG. v. 26. 9. 92.

6. Feilhalten. Der Ausdruck bedeutet jedes Bereithalten für das Publikum zum Verkauf; das Anpreisen ist dem Begriffe ganz fremd und darin, daß ein Gegenstand zur Schau gestellt wird, kann zwar der Ausdruck des Willens, ihn zum Verkauf darzubieten, liegen, notwendig ist dies aber nicht, sowie es umgekehrt auch nicht notwendig ist, daß das Bereithalten oder das Darbieten eines Gegenstandes zum Verkauf in der Form einer öffentlichen Schaustellung sich manifestiere. Viele Gegenstände, die einer sorgfältigen und besonders gearteten Aufbewahrung bedürfen, werden täglich und auch gewerbsmäßig feilgehalten, ungeachtet sie durch die Art der Aufbewahrung den Blicken des Publikums entzogen bleiben und nur dem es ver-

langenden Kauflustigen vorgezeigt werden. RG. III. Strafsenat v. 8. 2. 82. R. VI, 137.

Vollendung des Feilhaltens liegt vor, wenn die vollständige Bereitschaft zur Abgabe an das Publikum an einer ihm zugänglichen Verkaufsstelle eingetreten ist, ein Versuch, wenn mit der Bereitstellung der Ware zum Verkauf an das Publikum begonnen ist. RG. v. 5. 6. 90.

Wenn auch im allgemeinen die Grenzlinie zwischen Vorbereitungs- und Versuchshandlungen keine feste ist und es deshalb in der Regel eine Frage tatsächlicher Natur sein wird, ob eine Handlung in den Kreis dieser oder jener fällt, folgt doch aus dem Wortlaute des § 43 RStGB. als zweifellose Voraussetzung des strafbaren Versuchs, daß mit der Ausführung wenigstens einer der zum Tatbestand der beabsichtigten Straftat gehörigen Handlungen der Anfang gemacht ist. RG. v. 20. 11. 86. E. XV, 46.

Der Umstand, daß der Weinhandel sich in sehr verschiedenartigen Formen vollzieht, bringt es mit sich, daß auch das Feilhalten keine gleichmäßige Definition erfahren kann.

Derjenige, der nur oder teilweise Faßweine vertreibt, braucht sie nicht in dem Publikum zugänglichen Räumen aufzubewahren oder auszustellen, um den Begriff des Feilhaltens zu vollenden. Es genügt, wenn er seine Faßweine derartig auf seinem Lager hält, daß die Abgabe jederzeit erfolgen kann. Bei Flaschenweinen wird dagegen das Feilhalten erst vollendet, wenn der Wein abgezogen und in Flaschen auf das Verkaufslager bzw. die Expeditionsräume gelangt ist.

Vgl. auch die zahlreichen Reichsgerichtsentsch. in Nm.-Recht I S. 79 ff. (Berlin 1907, J. Guttentag).

7. Das Verbot „in der Benennung anzugeben, daß ein Wein Wachstum eines bestimmten Weingutsbesitzers sei" bezieht sich selbstverständlich nur auf gezuckerte Weine, wie aus dem Zusammenhange deutlich hervorgeht, wenn auch das Epitheton hier fehlt.

Nicht-gezuckerten Weinen darf die Angabe der Naturreinheit usw. in vollem Umfange gegeben werden.

8. Phantasienamen für gezuckerte Weine sind insoweit zulässig, als sie nicht den Anschein zu erwecken bestrebt sind, der Wein sei ungezuckert oder überhaupt ein anderer, als er wirklich ist. In der Reichstagskommission ist über die Schädlichkeit der Phantasiebezeichnungen wohl gesprochen worden, dabei hat es aber auch sein Bewenden gehabt. Beschlüsse sind nicht gefaßt worden. Ein Mitglied führte aus:

„Das Verbot von Lagenamen für die gezuckerten Weine wird Phantasiebezeichnungen begünstigen, während man eher Grund habe, solche willkürliche Namen, die nur zu oft als Deckmantel minderwertiger Ware dienten, aus dem Weinverkehr auszumerzen.

Ein Vertreter der Regierung erwiderte, Phantasienamen zu begünstigen, liege der Regierung fern; auch sie halte die einfache Herkunftsbezeichnung für das Beste" (Bericht).

Die Kommission strich jedoch das Verbot der Lagenamen, so daß deren Angabe unbenommen blieb.

9. Auskunftspflicht. Ein Regierungsvertreter gab hierzu in der Kommission die folgende Erklärung ab: „Es schien zweckmäßig, die öffentlich-rechtliche, durch Strafvorschrift geschützte Pflicht zur Angabe, ob der Wein gezuckert ist, erst dem Abnehmer gegenüber aufzustellen. Dem Kaufliebhaber steht es natürlich frei, auch schon bei den dem Abschlusse des Kaufes vorangehenden Verhandlungen nach dem Zustande der Ware zu fragen und auch die in diesem Zeitpunkte gegebene Auskunft steht unter dem Schutze des Gesetzes. Wollte man aber den Verkäufer gesetzlich verpflichten, schon vor dem Vertragsabschluß Auskunft zu geben, so wäre jedem, auch einem Konkurrenten die Möglichkeit gegeben, unter dem Vorwande von Kaufsunterhandlungen diese Auskunft zu beliebiger Zeit über jede von einem Händler feilgehaltene Sorte zu fordern.

Davor wird man den Händler schützen müssen; der Entwurf setzt ihn demgemäß in die Lage, die Auskunft zu verweigern, solange nicht der Kauf abgeschlossen ist. Auf der andern Seite liegt es im Interesse der Durchführung des Gesetzes, dem Käufer zu ermöglichen, die bei dem Kaufe etwa unterlassene Frage nachzuholen. Da es aber kaum angängig wäre, dem Verkäufer die Auskunftspflicht für unbestimmte Dauer aufzuerlegen, so soll diese Pflicht durch den Zeitpunkt der Übergabe begrenzt werden."

Die aus der Mitte der Kommission aufgeworfene Frage, ob im Falle eines mit der Bedingung der Lieferung des Weines nach sechs Monaten, ohne Zusicherung, Vorbehalt oder Angabe in betreff der Freiheit von Zuckerzusatz, abgeschlossenen Kaufes der Käufer, der kurz vor dem Zeitpunkte der Lieferung nach inzwischen eingetretenem Sinken der Preise die im § 5 Abs. 2 vorgesehene Auskunft verlange, auf Grund der ihm jetzt mitgeteilten Tatsache, daß ein nach dem Gesetze zulässiger Zuckerzusatz erfolgt sei, den Kauf rückgängig machen könne, wurde von einem Regierungskommissar mit folgenden Ausführungen verneint. Der § 5 Abs. 2 begründe für den Verkäufer die öffentlich-rechtliche Pflicht, dem Käufer auf dessen Verlangen mitzuteilen, ob der Wein gezuckert sei. Durch die Festsetzung dieser Pflicht werde an den nach den Vorschriften des Privatrechts zu beurteilenden Voraussetzungen für das Recht des Käufers zur Rückgängigmachung des Vertrags nichts geändert. Nach diesen Vorschriften greife das bezeichnete Recht, von besonderen Zusicherungen oder von Täuschungen in betreff der Beschaffenheit abgesehen, nur Platz, wenn der Wein mit Fehlern behaftet sei, die seinen Wert oder seine Tauglichkeit zu dem gewöhnlichen oder dem nach dem Vertrage vorausgesetzten Gebrauch aufheben oder mindern. Als ein solcher Fehler werde, wenigstens soweit es sich nicht um Qualitätsweine handele, ein nach dem Gesetze zulässiger, unter dessen Voraussetzungen und in dessen Grenzen gemachter Zuckerzusatz an sich nicht anzusehen sein. Mithin bilde die bloße Tatsache, daß ein solcher Zusatz vorhanden sei, keinen die Rückgängigmachung des Kaufes begründenden Mangel des Weines. Diese Bedeutung gewinne sie vielmehr nur, wenn bei dem Abschlusse des Vertrags und nach den hierbei gepflogenen Verhandlungen die Freiheit des Weines von Zuckerzusatz, sei es ausdrücklich bedungen, sei es nach den Umständen als vereinbart oder vorausgesetzt anzusehen.

Nach diesen Erklärungen wurde der Abs. 2 nach der Vorlage angenommen.

10. Der Begriff gewerbsmäßig ist (Entw. S. 22) nicht zu eng zu nehmen, sondern so aufzufassen, daß er jede Erwerbstätigkeit umfaßt; er trifft also auch den, der aus eigenem Gewächs gewonnenen Wein in den Verkehr bringt und ebenso den, der für fremde Rechnung handelt. Die Vorschriften finden demnach ebensowohl auf Winzer und Kommissionäre Anwendung, wie auf Weinhändler und Wirte. In diesem Sinne ist der Ausdruck auch an anderen Stellen gebraucht.

11. In Verkehr bringen. Verkehr ist nicht bloß Handel, sondern jede, auch nicht gewerbsmäßige Tätigkeit, die den Übergang eines Gegenstandes in den Besitz anderer bewirken soll. Der Begriff ist in möglichst allgemeinem Sinn zu nehmen; er bezeichnet das Weggeben, Annehmen und Zurückgeben, sowie das Anbieten zum Erwerb, einschließlich des bloßen Feilhaltens. Der Begriff darf insbesondere nicht beschränkt werden auf die kaufmännische oder gewerbsmäßige Tätigkeit, welche den Umsatz der Waren bezweckt; unerheblich ist auch der Unterschied zwischen Groß- und Kleinhandel.

Ein innerer Grund zwischen dem Engrosgeschäft und dem Detailgeschäft zu unterscheiden, liegt überall nicht vor, ganz abgesehen von der Schwierigkeit, die Grenze im einzelnen Falle zu ziehen. Vom sanitären Gesichtspunkte erscheint es in gleichem Grade erforderlich, den Verkehr zwischen dem Produzenten und dem Zwischenhändler, wie den zwischen dem letzteren und dem Konsumenten zu beaufsichtigen. RG. IV. Strafsenat v. 5. 6. 85, R. VII 351.

Ein Inverkehrbringen liegt vor, wenn dem Willen des Handelnden entsprechend einem Dritten die aktuelle Möglichkeit der Verwendung des Gegenstandes als Nahrungs- oder Genußmittel verschafft worden ist. RG. II. Strafsenat vom 23. 3. 86, E. XIV, 35.

Unter Inverkehrbringen ist auch jedes Überlassen ohne Entgelt, also Verschenken, zu verstehen. RG. I vom 13. 12. 80. R. II 634 u. RG. III Strafsenat vom 10. 2. 87.

12. Strafbestimmung für Abs. 1 in § 28,1, für Abs. 2 in § 29,1 u. § 30.

§ 6.

Im gewerbsmäßigen Verkehre mit Wein dürfen geographische Bezeichnungen nur zur Kennzeichnung der Herkunft verwendet werden.

Die Vorschriften des § 16 Abs. 2 des Gesetzes zum Schutze der Warenbezeichnungen vom 12. Mai 1894 (Reichs-Gesetzbl. S. 441) und des § 1 Abs 3 des Gesetzes zur Bekämpfung des unlauteren Wettbewerbes vom 27. Mai 1896 (Reichs-Gesetzbl. S. 145) finden auf die Benennung von Wein keine Anwendung. Gestattet bleibt jedoch, die Namen einzelner Gemarkungen oder Weinbergslagen, die mehr als einer Gemarkung angehören, zu benutzen, um gleichartige und gleichwertige Erzeugnisse benachbarter oder nahegelegener Gemarkungen oder Lagen zu bezeichnen.

1. Gewerbsmäßiger Verkehr vgl. Anm. 10 zu § 5.

2. Geographische Bezeichnungen. Der Ausdruck „Geographische Bezeichnungen" umfaßt alle Namen von wie immer abgegrenzten Teilen der Erdoberfläche, also ebensowohl Namen von Landschaften und Teilen einer Landschaft (Flur, Berg, Berghang und dergleichen) wie von politischen Bezirken (Land, Kreis, Gemeinde, Ortschaft und dergleichen). Unter die Vorschrift des § 6 Abs. 1 fällt die Verwendung solcher Namen, sobald sie auf die Herkunft des Weines deutet oder nach der Art der Verwendung darauf bezogen werden muß (Entw.).

3. Die „Herkunft des Weines" wird durch den Ort der Traubengewinnung bestimmt. Vgl. oben zu § 2 (Entw.).

4. „Warenzeichengesetz und Wettbewerbsgesetz". Wie in den Motiven ausgeführt, herrschte der Mißbrauch geographischer Namen in weitestem Umfang im Weingeschäft und eine lässige Auslegung der Gesetze zum Schutze der Warenbezeichnungen und zur Bekämpfung des unlauteren Wettbewerbes umkleidete ihn mit dem Scheine des Rechtes. Nach diesen Gesetzen erleidet der Grundsatz, daß eine Ortsangabe in der Bezeichnung von Waren der Herkunft der Ware entsprechen muß, eine Ausnahme zugunsten solcher Namen, welche nach Handelsgebrauch zur Benennung von Waren dienen, ohne die Herkunft bezeichnen zu sollen. Was das Gesetz als Ausnahme gewähren wollte, nahm der Weinhandel als Regel in Anspruch und hatte sich davon selbst durch die entgegenstehende Rechtsprechung des Reichsgerichts nicht abbringen lassen. Es durfte als die im Weinhandel herrschende Ansicht gelten, daß der Händler, von den Namen besonders guter Lagen abgesehen, die Bezeichnung der Ware ohne Rücksicht auf die Herkunft nach ihrer Art und ihrem Werte frei bestimmen konnte.

Dem Abnehmer gegenüber bedeutete diese Übung, zu deren Rechtfertigung man sich auf die Gleichgültigkeit weitester Kreise hinsichtlich der Herkunft des Weines berief, eine mit dem Anspruch auf Rechtlichkeit einhergehende Täuschung. Sie muß als verwerflich bezeichnet werden, da sie gleichzeitig den Erzeugnissen der Orte, deren Namen mißbraucht wird, einen unlauteren Wettbewerb bereitet und die Verkäuflichkeit der Erzeugnisse weniger bekannter Orte und Gegenden unter richtigem Namen beeinträchtigt. Vgl. das Reichsgerichtsurteil vom 13. 1. 1903 S. 18ff.

Das Gesetz vom 27. Mai 1896 ist inzwischen durch das vom 7. Juni 1909 ersetzt worden, das am 1. Oktober 1909 in Kraft tritt und hinten abgedruckt ist. Siehe auch die Anm. zu § 32.

5. Das Gesetz schließt den Gebrauch geographischer Bezeichnungen als Gattungsnamen nicht gänzlich aus, doch soll die Bezeichnung des Weines nicht völlig von seiner Herkunft losgelöst werden. Unkorrekte Herkunftsbezeichnungen sind darum nur für gewisse Grenzgebiete zugelassen. Der Wein, der eine unkorrekte Herkunftsbezeichnung tragen soll, muß, um hierzu berechtigt zu sein, folgende Bedingungen erfüllen:

a) er muß in einer Gemarkung gewachsen sein, die der namengebenden benachbart oder doch nahegelegen ist;
b) er muß dem Weine der Lage, mit deren Namen er belegt werden soll, gleichwertig und gleichartig sein;
c) er muß sich bei dieser geographisch-unkorrekten Bezeichnung eines Namens bedienen, der mehr als einer Gemarkung oder Weinbergslage zukommt.

6. Als gleichartig und gleichwertig will der „Entwurf" solche Weine verstanden wissen, „die den Erzeugnissen der namengebenden Gemarkung nach Beschaffenheit und Preislage gleichstehen.

„Die Ausdrücke ‚gleichartig und gleichwertig', namentlich der zweite, wurden von mehreren Kommissionsmitgliedern als zu unbestimmt bemängelt. Dem wurde entgegengehalten, daß auch jetzt schon im ordentlichen Geschäfte der Charakter des Weines als ausschlaggebend für die Beilegung eines Gattungsnamens betrachtet werde und daß es eine andere Grundlage hierfür schlechterdings nicht geben könne. Daß „gleich" hier nicht im mathematischen Sinne genommen werden könne, liege in der Natur der Dinge; eine Abschwächung des Ausdrucks etwa in „ähnlich" sei aber zu widerraten, da dann der Anhalt für die Beurteilung zu schwach werde.

In gleichem Sinne äußerte sich ein Regierungsvertreter.

Weiter bestand Einverständnis darüber, daß unter dem Werte nicht der Kaufpreis, sondern der nach den gesamten Eigenschaften des Weines zu beurteilende innere Wert zu verstehen sei" (Bericht).

7. Als benachbart wurden aneinandergrenzende Gemarkungen erachtet; für den Begriff „nahegelegen" konnte eine gleich einfache Definition nicht gefunden werden; insbesondere erschien es untunlich, eine bestimmte, etwa nach Kilometer zu berechnende Entfernung anzugeben; doch war man der Ansicht, daß diese nicht zu eng auszulegende Bestimmung genügen würde, um der Bildung eines sicheren Gebrauchs als Unterlage zu dienen, und, ohne die Praxis allzusehr zu beengen, jedenfalls Mißbräuche, wie sie seither möglich gewesen seien, zu verhüten (Bericht).

8. „Die Rechtmäßigkeit des Gebrauchs eines Gattungsnamens unterliegt im einzelnen Falle dem Urteile der Gerichte. Es war erwogen, aber nicht für zweckmäßig befunden worden, in für die Gerichte bindender Weise im Verwaltungswege feststellen zu lassen, welche Gemarkungsnamen als Gattungsnamen in Betracht kommen. Doch könnten die berufenen Vertretungen des Handels und der weinbautreibenden Gegenden durch Ermittelungen über das Herkommen die Gleichmäßigkeit und Sicherheit der Rechtsprechung wesentlich fördern" (Entw.).

9. In der Regierungsvorlage war ursprünglich vorgesehen, daß die Namen einzelner Gemarkungen „in hergebrachter Weise" als Gattungsnamen weiter zugelassen

sein sollten, soweit der rechtmäßige Gebrauch als Gattungsname nachweisbar sei. Mit Recht und Erfolg wurde hiergegen in der Kommission geltend gemacht, daß dieser vom Reichsgericht geforderte Nachweis eines rechtsbegründeten Herkommens für kaum einen Namen mit Sicherheit zu erbringen sei. Dagegen gelte es im Handel allgemein als zulässig, die Namen der nach der Menge und Güte ihres Gewächses als Hauptorte einer Gegend anzusehenden Ortschaften als Gattungsnamen für diese Gegend zu benutzen. In diesem Sinne sollte die Praxis auch weiter geduldet werden.

Demgemäß beschloß die Kommission schließlich, die Worte „in hergebrachter Weise" zu streichen. Einverständnis bestand aber darüber, daß um so mehr Gewicht auf das Beiwort einzelner bei Gemarkungen zu legen sei, um anzudeuten, daß nur die Namen der eben charakterisierten Hauptorte einer Gegend in Betracht kommen könnten.

§ 7.

Ein Verschnitt aus Erzeugnissen verschiedener Herkunft darf nur dann nach einem der Anteile allein benannt werden, wenn dieser in der Gesamtmenge überwiegt und die Art bestimmt; dabei findet die Vorschrift des § 6 Abs. 2 Satz 2 Anwendung. Die Angabe einer Weinbergslage ist jedoch, von dem Falle des § 6 Abs. 2 Satz 2 abgesehen, nur dann zulässig, wenn der aus der betreffenden Lage stammende Anteil nicht gezuckert ist.

Es ist verboten, in der Benennung anzugeben oder anzudeuten, daß der Wein Wachstum eines bestimmten Weinbergsbesitzers sei.

Die Beschränkungen der Bezeichnung treffen nicht den Verschnitt durch Vermischung von Trauben oder

Traubenmost mit Trauben oder Traubenmost gleichen Wertes derselben oder einer benachbarten Gemarkung und den Ersatz der Abgänge, die sich aus der Pflege des im Fasse lagernden Weines ergeben.

1. Verschnitt ist stets aus Erzeugnissen verschiedener Art hergestellt. Durch Mischen gleichartiger Erzeugnisse resultiert keine neue Ware, sondern nur ein neues Quantum. Auch Verschnitte aus verschiedenen Jahrgängen gleicher Herkunft stehen hinsichtlich der Herkunftsbezeichnung unverschnittenen Weinen gleich (§ 2). Das Gesetz versteht daher unter Verschnitten stets nur einen Verschnitt aus Erzeugnissen verschiedener Herkunft.

Der ganze Abs. 1 bezieht sich nicht nur auf Wein, sondern schlechtweg auf Erzeugnisse vgl. § 2.

2. „Es liegt in der Natur des Verschnitts als einer Mischung verschiedener Weinsorten, daß die Eigenart der einzelnen Bestandteile im Enderzeugnisse nur abgeschwächt zur Geltung kommt.

Bleibt ein Bestandteil in dem Maße vorherrschend, daß er die Art des Gemisches bestimmend beeinflußt, dient also der Verschnitt nur zur Abschwächung einzelner in ungeschwächter Wirkung unerwünschter, für die Eigenart aber nebensächlicher Eigenheiten dieser Sorte, so entspricht es den Tatsachen, wenn das Gemisch nach diesem vorherrschenden Bestandteile benannt wird.

Geht jedoch die Abschwächung bei allen Bestandteilen so weit, daß in dem Verschnitte keiner derselben vorwiegend zur Geltung kommt, so kann der Verschnitt auch nicht die Benennung nach einem einzelnen Bestandteile beanspruchen; er wird also auf eine einheitliche Herkunftsbezeichnung verzichten müssen, falls nicht ein für sämtliche Bestandteile zutreffender geographischer Name zu Gebote steht, etwa der Name eines Landes, einer Landschaft, eines Weinbaugebiets.

Was für die Eigenart einer Weinsorte und gegebenenfalls für die Art eines Gemisches mehrerer Sorten bestimmend ist, läßt sich nicht in eine einfache Formel bringen. Die chemische Bestimmung der Bestandteile allein kann nicht genügen, zumal sich ihr für die Eigenart so wichtige Bestandteile wie die Bukettstoffe entziehen; es müssen vielmehr, entsprechend der Bedeutung des Weines als Genußmittel, alle Eigenschaften in Betracht gezogen werden, die der kundige Weintrinker an einer bestimmten Weinsorte sucht; also vorzugsweise Geschmack, Geruch und Aussehen. Es kommt deshalb auch dem Mengenverhältnisse der gemischten Sorten nicht ohne weiteres die ausschlaggebende Bedeutung zu; vielmehr ist anzuerkennen, daß eine Sorte von ausgeprägter Eigenart, ein rassiger Wein nach dem üblichen Fachausdrucke, sich sehr wohl einer größeren Menge weicheren Weines gegenüber beherrschend durchzusetzen vermag.

Es ist nicht zu verkennen, daß es im einzelnen Falle schwierig werden kann, zu entscheiden, welcher Anteil eines Gemisches dessen Art bestimmt. Zieht man aber in Betracht, daß auch die kunstgerechte Ausführung des Verschnitts die Fähigkeit voraussetzt, die Art der gemischten Sorten und ihre Bedeutung für das Gemisch zu beurteilen, so wird man erwarten dürfen, daß es gegebenenfalls auch dem Richter möglich sein wird, sich mit Hilfe von Fachleuten ein zutreffendes Urteil zu bilden.

Daß bei der Bezeichnung von Verschnitten, zu denen gezuckerter Wein verwendet worden ist, außer dem § 7 auch die Vorschriften des § 5 zu beachten sind, bedarf keiner weiteren Ausführung" (Entw.).

3. Verschnitt und Zuckerung schließen die Möglichkeit einer Lagenbenennung aus.

4. Die ganze Bestimmung des Abs. 1 hat zur (unausgesprochenen) Voraussetzung, daß der Wein (bzw. Most usw.) nicht als Verschnitt deklariert ist. Einer solchen Bekanntgabe bedarf es auch direkt nicht, nur müssen,

analog der Bezeichnung gezuckerten Weines, Angaben unterlassen werden, die das Vorliegen einer Verschnittware verschleiern.

5. Der namengebende Bestandteil muß nicht nur des Weines Art bestimmen, sondern auch in der Gesamtmenge überwiegen, d. h. mehr als 50 % des fertigen Getränkes ausmachen. Dabei ist die in § 6 Abs. 2 Satz 2 eingeräumte Freiheit bei der Namengebung auch zugelassen, wenn der unkorrekte Name nunmehr auf einen Verschnitt der gekennzeichneten Art übertragen wird.

6. Was die „Art“ bedeute und wann man sagen könne, daß ein Anteil für die Art bestimmend sei, wurde in der Kommission gefragt und regierungsseitig dahin erörtert, „daß man unter der Art eines Weines die Gesamtheit der Eigenschaften verstehe, die ihn von anderen Sorten unterschieden, ihm sein eigentümliches Gepräge gäben; je nachdem solche Eigenart in höherem oder geringerem Grade vorhanden sei, werde sie in einem Verschnitte mit anderem, weniger bestimmt geartetem Weine hervortreten; als für die Art bestimmend werde sie anzusehen sein, wenn die Art der anderen Anteile daneben so sehr zurücktrete, daß sie auch für den kundigen Weintrinker nicht mehr in Betracht komme. Das werde in der Regel nur dann der Fall sein, wenn der betreffende Anteil auch der Menge nach überwiege und zwar beträchtlich überwiege; es sei aber doch nicht ausgeschlossen, daß bei Verschnitt mit in der Zusammensetzung verwandtem Weine von wenig ausgeprägter Art der geringere aber charaktervolle Anteil artbestimmend wirke. Außerdem sei zu beachten, daß die Menge des einzelnen Verschnittanteils nachträglich nicht festzustellen sei, während die Art jederzeit beurteilt werden könne“ (Bericht).

Dadurch, daß der namengebende Bestandteil die Hauptmenge bilden muß, ist nicht nur vielen Unklarheiten vorgebeugt, sondern auch erreicht, daß ausländische Weine niemals unter dem Namen deutscher Weine segeln können und gleichzeitig den Hauptbestandteil des Verschnitts ausmachen.

7. Wachstum eines bestimmten Weinbergsbesitzers. Vgl. die analoge Bestimmung in § 5 und die dazugehörige Anm. 3.

8. Die Vergünstigung des Abs. 3 beschränkt sich auf Trauben oder Traubenmost, also ein Halbfabrikat, sofern Gleichwertigkeit vorliegt und die Verschnittware derselben oder einer benachbarten (nicht auch „nahegelegenen") Gemarkung entstammt.

9. „Ersatz der Abgänge", die sich aus der Pflege des im Fasse lagernden Weines ergeben, sind vorzugsweise Verdampfungsverluste, Schwund, deren Ersatz durch leichtere „Nachfüllweine" einen Teil der Kellerbehandlung bildet. Der Regierungsentwurf brachte diesen Gesichtspunkt klar zum Ausdruck. Die Kommission änderte jedoch, ohne daß sich aus dem Bericht ein Motiv entnehmen ließe, den ursprünglichen Wortlaut „natürlichen Schwund" in den jetzigen „Abgänge" um. Damit ist allerdings auch einer viel weiteren Auslegung Tür und Tor geöffnet und die Möglichkeit zu einem unoffiziellen Verschnitt gegeben, der sich den Vorschriften des § 7 entzieht.

Zu den „Abgängen" gehören außer dem Schwund: Umfüllverluste, Filtrationsverluste, Leckagen, Proben, Ersatz des Raumes der Hefe usw.

10. Strafbestimmung in § 26 Ziff. 1 u. 2.

§ 8.

Ein Gemisch von Weißwein und Rotwein darf, wenn es als Rotwein in den Verkehr gebracht wird, nur unter einer die Mischung kennzeichnenden Bezeichnung feilgehalten oder verkauft werden.

1. „Der Rotweißverschnitt kann nicht schlechthin verworfen werden; er ist für einzelne Gegenden nahezu un-

entbehrlich geworden. Es ist aber ein durchaus berechtigtes Verlangen, daß der schwer um seinen Bestand kämpfende deutsche Rotweinbau vor unlauterem Wettbewerbe der Erzeugnisse des Rotweißverschnitts geschützt werde. Der unlautere Wettbewerb ist aber nicht sowohl darin zu sehen, daß solche Erzeugnisse überhaupt als Rotwein bezeichnet werden, als in dem Umstande, daß sie zum größten Teil unter den Namen beliebter, meist französischer Weinorte in den Verkehr gebracht werden, mit denen sie ihrer Herkunft nach nichts zu tun haben" (Entw.).

2. „Rotwein" ohne weitere Deklaration darf nur mit Rotwein verschnitten werden, wenn der Verschnitt die Vergünstigungen des § 7 genießen soll. Die Maische darf nur aus roten Trauben hergestellt werden, bzw. aus solchen Trauben, wie sie zur Rotweingewinnung in der reellen Kellerwirtschaft gebräuchlich und auch geeignet sind. Die Schillerweine sind keine Rotweine. Sie gelten vielmehr von jeher als eine Abart der Weißweine.

Wie die Kennzeichnung der Rotweißverschnitte stattfinden soll, ist nicht vorgeschrieben; jedenfalls muß sie in einer Weise erfolgen, daß sie auch der Nichtfachmann ohne weiteres versteht.

3. Unter Rotwein versteht das Gesetz nur roten Tisch- oder Tafelwein. Rote Dessertweine werden stets besonders hervorgehoben. Der Zusatz von rotem Dessertwein zu Rotwein ist nicht verboten.

4. Strafbestimmung in § 28 Ziff. 1.

§ 9.

Es ist verboten, Wein nachzumachen.

1. Nachmachung von Wein ist die vorsätzliche Herstellung eines die Eigenschaften des Weines vortäuschenden Getränkes aus anderen Stoffen. Wenn neben den anderen Stoffen auch Wein verwendet wird, um ein solches Getränk herzustellen, kann es je nach Lage des Falles zweifelhaft

werden, ob Nachmachung oder Verfälschung von Wein vorliegt, ob also § 9 oder die §§ 2, 3, 4 verletzt sind. Da das Gesetz Verfehlungen gegen die §§ 2, 3, 4, 9 sowohl hinsichtlich der Strafe wie hinsichtlich des Verkehrs mit dem hergestellten Getränke gleich behandelt, werden solche Zweifel praktisch ohne Bedeutung bleiben.

Von der Nachahmung zu unterscheiden ist die Herstellung eines Getränkes, das zwar einen Ersatz für Wein bieten kann, vielleicht auch soll, nicht aber Wein vortäuschen will. Die wichtigste Gruppe solcher Getränke bilden die aus Frucht- oder Pflanzensäften hergestellten, im § 10 behandelten Getränke.

Von den bisherigen Vorschriften unterscheidet sich § 9 dadurch, daß die Nachahmung von Wein allgemein verboten wird, nicht nur die gewerbsmäßige, und daß jede Art der Nachahmung unter das Verbot fällt, nicht nur die mit bestimmten Stoffen ausgeführte.

Die im bisherigen Gesetze den Branntweinbrennereien gewährte Ausnahmestellung ist beseitigt. Die Herstellung von sogenanntem Brennwein aus Trestern, Hefe und dgl. ist jetzt untersagt, doch bleibt es den Brennereien unverwehrt, die seither zur Herstellung von Brennwein bereitete Maische direkt abzubrennen.

2. Das bisherige Weingesetz zählte die absolut verbotenen Methoden namentlich auf. Im wesentlichen sind natürlich die Methoden dieselben geblieben, es waren die Verwendung

a) eines Aufgusses von Zuckerwasser oder Wasser auf Trauben, Traubenmaische oder ganz oder teilweise entmostete Trauben;
b) eines Aufgusses von Zuckerwasser auf Hefen;
c) von getrockneten Früchten (auch in Auszügen oder Abkochungen) oder eingedickten Moststoffen, unbeschadet der Verwendung bei der Herstellung von solchen Getränken, welche als Dessertweine (Süd-, Süßweine) ausländischen Ursprunges in den Verkehr kamen;

d) von Süßstoffen, insbesondere von Sacharin, Dulcin oder sonstigen künstlichen Süßstoffen; lediglich die auch jetzt erlaubten Zuckerarten (§ 2) waren gestattet;

e) von Säuren, säurehaltigen Stoffen, insbesondere von Weinstein und Weinsäure, von Bukettstoffen, künstlichen Moststoffen oder Essenzen, unbeschadet der Verwendung aromatischer oder arzneilicher Stoffe bei der Herstellung von solchen Weinen, welche als landesübliche Gewürzgetränke oder als Arzneimittel unter den hierfür gebräuchlichen Bezeichnungen (Wermutwein, Maiwein, Pepsinwein, Chinawein und dgl.) in den Verkehr kommen;

f) von Obstmost und Obstwein, von Gummi oder anderen Stoffen, durch welche der Extraktgehalt erhöht wird.

3. Die Verfälschung von Wein ist im Gegensatz zur Nachmachung, mit der sie übrigens in zahlreichen Fällen identisch ist, scheinbar ohne besondere Strafandrohung geblieben. Tatsächlich ist aber dadurch, daß jetzt alles, was nicht ausdrücklich in den §§ 2—4 und den Ausführungsbestimmungen erlaubt ist, unter Strafe gestellt wurde, kein Raum mehr für ein allgemeines Verfälschungsverbot. Im übrigen kann das Gesetz vom 14. Mai 1879 auch auf Wein in solchen Fällen Anwendung finden (§ 32 dieses Gesetzes).

4. Strafbestimmung in § 26 Ziff. 1.

§ 10.

Unter das Verbot des § 9 fällt nicht die Herstellung von dem Weine ähnlichen Getränken aus Fruchtsäften, Pflanzensäften oder Malzauszügen.

Der Bundesrat ist ermächtigt, die Verwendung bestimmter Stoffe bei der Herstellung solcher Getränke zu beschränken oder zu untersagen.

Die im Abs. 1 bezeichneten Getränke dürfen im Verkehr als Wein nur in solchen Wortverbindungen bezeichnet werden, welche die Stoffe kennzeichnen, aus denen sie hergestellt sind.

1. Weinähnliche Getränke sind solche alkoholhaltige Flüssigkeiten, welche entweder nach Art des Weines aber aus anderen Fruchtsäften als dem Saft der Traube gewonnen werden oder durch Alkoholzusatz zu Mosten jeglicher Herkunft hergestellte Getränke, endlich alle diejenigen auf irgendeine Art hergestellten Getränke, welche in ähnlicher Weise und ähnlicher Quantität genossen werden sollen, wie Wein genossen wird, und sich durch einen gewissen Alkohol- und Säuregehalt auszeichnen.

2. Saft ist nichts weiter, als die meist durch Pressen abgesonderte natürliche Lösung, welche sich im Tier- oder Pflanzenkörper als Bestandteil des Körpergewebes vorfindet. Je nach der Herkunft wird der Saft als Obstsaft, Fruchtsaft, Fleischsaft usw. bezeichnet.

Most heißt der abgepreßte Saft im besonderen bei zuckerreichen Früchten, wenn er bestimmt ist, durch Vergärung seines Zuckergehalts ein alkoholisches Getränk zu liefern. Der im Beginn der Vergärung begriffene Saft pflegt gleichfalls noch als „Most" bezeichnet zu werden.

Vergorener Saft ist Saft, welcher entweder aus vergorenen Früchten hergestellt oder durch Vergärung von „Saft" entstanden ist. Vergorener Saft, dessen Alkoholgehalt beträchtlich geworden ist, heißt je nach der Art des verwendeten Rohmaterials Wein oder Fruchtwein.

Eingedickter Saft ist Saft, welcher derartig konzentriert wurde, daß (außer dem Wasser) nichts aus dem Saft entfernt, nichts hinzugesetzt und nichts chemisch verändert wurde. Die aus verschiedenen Obstsorten hergestellten bis zur Muskonsistenz eingedickten Fruchtsäfte heißen auch Kraut oder Obstkraut.

Verdünnter Saft ist mit Hilfe von Wasser oder einer näher anzugebenden anderen Flüssigkeit gestreckter Saft.

Nachpresse heißt der mit Hilfe von Wasser aus den noch safthaltigen Trestern ausgelaugte Saft.

Auszüge sind mittels zugesetzter Flüssigkeiten (Wasser, Wein, Branntwein, Essig usw.) in Lösung gebrachte Bestandteile aus pflanzlichen oder tierischen Erzeugnissen oder Rohstoffen.

Werden solche Auszüge weiter noch konzentriert, so erhält man Extrakte.

Fruchtsirupe sind Fruchtsäfte, welche durch große Zusätze von Rohrzucker oder Invertzucker oder beiden in eine klare, dickflüssige, stark süß schmeckende Zubereitung umgewandelt sind (NmRecht I S. 461 ff.).

3. Das Verbot des § 9 ist aufgehoben zugunsten derjenigen weinähnlichen Getränke, die aus

Fruchtsäften,
Pflanzensäften oder
Malzauszügen

gewonnen sind. Alle aus anderen Materialien gewonnenen weinähnlichen Getränke sind darum aber nicht ohne weiteres als illegale Erzeugnisse anzusehen, da § 10 nur eine nicht-erschöpfende authentische Interpretation zu § 9 ist. Auch andere weinähnliche Getränke sind denkbar, z. B. aus Pflanzenabkochungen gewonnene, die lediglich den Bestimmungen des Nahrungsmittelgesetzes unterliegen würden; diese müssen freilich die Bedingung erfüllen, keine Nachmachung des Weines zu sein und sein zu wollen. Vgl. § 9 Anm. 1 Abs. 2. Kommen solche Getränke, deren Verbot weder beabsichtigt oder erforderlich wäre, unter unverfänglichen Namen in den Handel, so sind sie nicht einmal den Vorschriften des Abs. 2, bzw. der dazugehörigen Bundesratsverordnung unterworfen. Während aber die aus Fruchtsäften, Pflanzensäften oder Malzauszügen hergestellten weinähnlichen Getränke authentisch als nicht unter § 9 fallend erklärt sind, unterliegen andere weinähnliche Getränke der richterlichen Nachprüfung, ob sie etwa als nachgemachter Wein zu betrachten sind.

4. In der Kommission war beantragt worden, hinter Abs. 1 einzuschalten:

> Ebenso die Herstellung landesüblicher Gewürzweine, wie Muskat, Roussillon und dgl., insofern solche aus Wein hergestellt werden.

Seitens der Regierung wurde erwidert, die Herstellung von Gewürzweinen, wie Maiwein, Wermutwein und ähnlichen, sei ebensowenig wie die Herstellung von Arzneiweinen, wie Chinawein, Pepsinwein und ähnlichen, als Verfälschung oder Nachmachung von Wein zu betrachten, sondern als Herstellung weinhaltiger Getränke. Als solche unterliege sie den Vorschriften der §§ 15, 16, werde aber sonst durch das Gesetz nicht berührt. Was solche Getränke anlange, gehe der Antrag also von einer irrigen Voraussetzung aus, denn § 10 behindere die Herstellung in keiner Weise.

Anders liege es bei der Nachmachung ausländischer Weine, insbesondere Dessertweine; diese falle allerdings unter das Verbot des § 9; es liege aber auch kein Grund vor, sie davon auszunehmen.

Der Antrag wurde hierauf zurückgezogen.

Ein Mitglied der Kommission fragt, ob nicht Gefahr vorliege, daß Obst- oder Beerenwein übermäßige Zusätze von Zuckerwasser, Weintrestern oder anderen an sich erlaubten Stoffen erhalte und dann als Obst- oder Beerenwein in den Verkehr gebracht werde, obgleich er in der Tat Kunstwein sei.

Ein Vertreter der Regierung erwiderte:

„Die Herstellung von Obst- und Beerenwein solle im einzelnen durch das Weingesetz nicht geregelt werden. Inwieweit Zusätze von Zuckerwasser, Weintrestern oder anderen Stoffen zu für den Verkehr bestimmten Getränken dieser Art zulässig seien, müsse im allgemeinen nach dem Nahrungsmittelgesetze beurteilt werden. Insbesondere sei hiernach von Fall zu Fall zu prüfen, ob in solchen Zusätzen eine Verfälschung des Obst- oder Beerenweines liege, wie das bei einem zu großen Tresterzusatz wohl der Fall sein werde. Keinesfalls aber dürfe § 10 umgangen und von der nach § 11 gestatteten Haustrunkbereitung abgesehen, Kunst- oder Tresterwein hergestellt werden" (Bericht).

Vgl. auch Anm. 3 zu § 4.

5. Die Hauptrepräsentanten der gemäß § 10 hergestellten weinähnlichen Getränke sind

Obstweine, wie Apfelwein, Birnenwein usw.
Beerenweine, wie Heidelbeerwein, Johannisbeerwein usw.
Malzweine.

Nicht zu den Getränken des § 10 gehören Dattelwein, Reiswein, Palmwein u. dgl. Auch gespritete Moste gehören nicht dazu.

6. Durch Bundesratsverordnung v. 9. Juli 1909 ist eine größere Zahl von chemischen Verbindungen und Drogen von der Verwendung bei Herstellung der weinähnlichen Getränke ausgeschlossen (s. hinten).

Bemerkenswert daran ist besonders, daß jetzt, mit Ausnahme des gebrannten Zuckers, alle Farbstoffe verboten sind. Es ist deshalb einstweilen auch zweifelhaft, ob fremde Pflanzensäfte bzw. Fruchtweine zum Nachfärben in bisheriger Weise zulässig bleiben. Da außer den „Farbstoffen" auch noch Kermesbeeren besonders als verboten aufgeführt sind, kann man auch zu der Auffassung gelangen, daß nur „Farbstoffe" im chemischen Sinne gemeint sind. Bisher waren (neben Kermesbeeren) nur „Teerfarbstoffe" untersagt.

Alle nicht verbotenen Stoffe sind damit keineswegs als zugelassen anzusehen. Sie finden ihre Beurteilung aus § 10 bzw. § 12 des Nahrungsmittelgesetzes.

7. Die Bezeichnung der in § 10 genannten Getränke darf nicht einfach „Wein" sein. Zulässig ist z. B. Apfel-

wein, aber auch Wein aus Äpfeln oder Gesundheitswein aus Äpfeln u. dgl.

8. Strafbestimmung in § 26 Ziff. 1, § 28.

§ 11.

Auf die Herstellung von Haustrunk aus Traubenmaische, Traubenmost, Rückständen der Weinbereitung oder aus getrockneten Weinbeeren finden die Vorschriften des § 2 Satz 2 und der §§ 3, 9 keine Anwendung.

Die Vorschriften des § 4 finden auf die Herstellung von Haustrunk entsprechende Anwendung.

Wer Wein gewerbsmäßig in Verkehr bringt, ist verpflichtet, der zuständigen Behörde die Herstellung von Haustrunk unter Angabe der herzustellenden Menge und der zur Verarbeitung bestimmten Stoffe anzuzeigen; die Herstellung kann durch Anordnung der zuständigen Behörde beschränkt oder unter besondere Aufsicht gestellt werden.

Die als Haustrunk hergestellten Getränke dürfen nur im eigenen Haushalte des Herstellers verwendet oder ohne besonderen Entgelt an die in seinem Betriebe beschäftigten Personen zum eigenen Verbrauch abgegeben werden. Bei Auflösung des Haushalts oder Aufgabe des Betriebs kann die zuständige Behörde die Veräußerung des etwa vorhandenen Vorrats von Haustrunk gestatten.

1. Unter Haustrunk sind nur solche Getränke zu verstehen, die als Nachmachung des Weines im Sinne

dieses Gesetzes zu gelten hätten, wenn sie nicht zu Zwecken des eigenen Haushaltsbedarfs bestimmt wären.

Die Fassung des § 11 ist eine wenig glückliche, so daß bei buchstäblicher Auslegung desselben sogar eine Hausfrau Gefahr läuft, bestraft zu werden, wenn sie nur für sich selbst ein weinartiges Getränk bereitet, das andere Rohmaterialien als die im Abs. 1 genannten hat.

Die strengen Vorschriften, welche auf die Fälscher in den Weinbaugebieten gemünzt sind, werden für die Bevölkerung in nicht weinbauenden Distrikten unverständlich.

Es wird darum Sache der Gerichte sein, den Inhalt dieses Paragraphen soweit als möglich auf die Kreise zu beschränken, für die er gemacht ist.

Ähnliche Ziele hat auch die Regierung nur im Auge gehabt, trotz ihres strengen Verhaltens in der Kommission. In den Motiven zu § 11 heißt es:

„Da das Gesetz in den §§ 3, 4, 9 gewerbsmäßige und nichtgewerbsmäßige Tätigkeit nicht unterscheidet, war es erforderlich, besondere Vorschriften für die Bereitung des Haustrunkes zu erlassen.

Von allgemeinem, überall gleichen Interesse ist dabei lediglich, zu verhüten, daß unter dem Vorgeben, Haustrunk zu bereiten, Weinfälschung betrieben wird. Diesem Zwecke dient neben der im Abs. 3 vorgesehenen Anzeigepflicht und dem Verkehrsverbot im Abs. 4 die Vorschrift des § 20.

2. Als Ausgangsmaterial sind nur Traubenmaische, Traubenmost, Rückstände der Weinbereitung (Hefe, Trester) oder getrocknete Weinbeeren (Rosinen) zulässig. Die Beschränkung der Zuckerung ist aufgehoben. Weißer Dessertwein darf als Zusatz verwendet werden. Der Zuckerzusatz darf auch bei dem weißen Wein zur Maische erfolgen. Die Zuckerung darf jederzeit erfolgen, auch wiederholt werden.

Eine Anfrage in der Kommission, ob Mostessenzen und ähnliche Stoffe bei der Haustrunkbereitung verwendet werden dürften, wurde von einem Regierungsvertreter verneint; die im Abs. 1 des § 9 gegebene Aufzählung der Ausgangsmaterialien müsse als erschöpfend angesehen werden. Die Herstellung eines weinartigen Getränks aus Mostessenz oder dergleichen sei also eine auch für die Haustrunkbereitung nicht zulässige Nachahmung von Wein und falle demnach unter das Verbot des § 9. Es liege auch kein Grund vor, solche Essenzen, die bei der Weinfälschung eine gefährliche Rolle spielten, zuzulassen.

3. Die Kellerbehandlung gemäß § 4 soll eine „entsprechende" sein. Dieser Ausdruck wurde laut Kommissionsbericht dahin erläutert, daß durch den Vorbehalt „entsprechender" Anwendung übrigens darauf hingewiesen sei, daß nicht schlechthin die gleiche Strenge Platz greifen solle, wie sie für die Vorschriften, für die Kellerbehandlung des Weines an und für sich, angezeigt seien.

4. Eigener Haushalt. In der Kommission wurde die Frage aufgeworfen, ob in Konvikten, Pensionen und ähnlichen Instituten Haustrunk an die Zöglinge abgegeben werden dürfe. Ein Vertreter der Regierung erwiderte, das sei eine Frage des Tatbestandes im einzelnen Falle. Liege ein gemeinschaftlicher Haushalt vor, so könne für diesen Haustrunk bereitet werden; besonderes Entgelt dürfe für die Getränke aber nicht gefordert werden.

Ein Kommissionsmitglied hielt das für nicht unbedenklich; im übrigen fand die Anschauung des Regierungsvertreters aber keinen Widerspruch (Bericht).

Vgl. die analoge Bestimmung im § 2 des Fleischbeschaugesetzes vom 3. Juni 1900 (diese Gesetzsammlung Nr. 68) S. 38 nebst den dort gemachten Ausführungen.

5. Strafbestimmung im § 26 Ziff. 1, § 29 Ziff. 2.

§ 12.

Die Vorschriften der §§ 2, 4 bis 9 finden auf Traubenmost, die Vorschriften der §§ 4 bis 9 auf Traubenmaische Anwendung.

1. Die Motive bemerkten hierzu:

Die Vorschrift kann überflüssig erscheinen; ihre Aufnahme empfiehlt sich, weil die an einigen Stellen, insbesondere im § 3, unentbehrliche Erwähnung von Most und Maische neben dem Weine zu der Folgerung führen könnte, daß die Vorschriften, in denen diese Erwähnung fehlt, nur auf fertigen Wein anzuwenden wären.

Es tritt hinzu, daß die im § 12 bezeichneten Vorschriften auf Most und Maische auch dann anwendbar sein sollen, wenn der Most als solcher verbraucht wird.

§ 13.

Getränke, die den Vorschriften der §§ 2, 3, 4, 9, 10 zuwider hergestellt oder behandelt worden sind, ferner Traubenmaische, die einen nach den Bestimmungen des § 3 Abs. 1 oder des § 4 nicht zulässigen Zusatz erhalten hat, dürfen, vorbehaltlich der Bestimmungen des § 15, nicht in den Verkehr gebracht werden. Dies gilt auch für ausländische Erzeugnisse, die den Vorschriften des § 3 Abs. 1 und der §§ 4, 9, 10 nicht entsprechen; der Bundesrat ist ermächtigt, hinsichtlich der Vorschriften des § 4 und des § 10 Abs. 2 Ausnahmen für Getränke und Traubenmaische zu bewilligen, die den im Ursprungslande geltenden Vorschriften entsprechend hergestellt sind.

1. Der Ausdruck in den Verkehr bringen umfaßt die an anderen Stellen des Gesetzes gebrauchten Ausdrücke feilhalten oder verkaufen, schließt aber darüber hinaus jede andere Art des Indenverkehrbringens insbesondere auch die unentgeltliche Abgabe ein.

Das Verkehrsverbot trifft auch solche Getränke, bei deren Herstellung nur formale Vorschriften, wie die über örtliche und zeitliche Beschränkung des Zuckerns verletzt sind.

2. Wegen der zulässigen Ausnahmen von dem Verbot vgl. § 15.

Die unter der Bezeichnung „Wein zur Kognakbrennerei" aus dem Auslande eingehenden Halberzeugnisse kommen als Getränke nicht in Betracht; ihre Einfuhr wird daher durch die Vorschriften der §§ 12, 13 nicht gehindert (Entw.).

Im übrigen bleibt zu beachten, daß das Verbot nicht bloß Wein betrifft, sondern auch die nach § 10 hergestellten weinähnlichen Getränke. Auf Traubenmaische ist § 13 expressis verbis bezogen, auf Most muß er sich aber nach Anm. 1 zu § 12 auch beziehen, falls er „Getränk" ist.

3. Ausländische Erzeugnisse. In der Reichstagskommission wurde zunächst eine unbegründete Bevorzugung ausländischer Weine in den Bestimmungen des Satz 2, Teil 2 erblickt (Nachsicht betr. Kellerbehandlung der Weine und Zusätze bei weinähnlichen Getränken).

Von seiten der Regierung wurde erwidert, daß eine Bevorzugung ausländischer Weine weder beabsichtigt sei, noch die Folge der unveränderten Annahme des § 13 sein werde. Grundsätzlich stelle die Vorlage inländischen und ausländischen Wein einander gleich, wie das im ersten Halbsatze des zweiten Satzes klar zum Ausdrucke komme. Ausnahmen müßten aber hinsichtlich der Kellerbehandlung zulässig sein, da hierin die Gebräuche des Auslandes mit den unseren nicht in allen Punkten übereinstimmten. Der Antragsteller könne doch unmöglich wünschen, daß z. B. ausländischer Wein nur deshalb nicht zum Verkehr in Deutschland zugelassen werde, weil er nach einem gemäß § 4 in Deutschland nicht zugelassenen, an und für sich aber unschädlichen Verfahren geklärt sei, oder daß Südwein zurückgewiesen würde, weil er einen im Herstellungsland üblichen, bei uns aber nicht eingeführten Zusatz erhalten habe. Auf die Zuckerung bezöge sich die Ausnahmebefugnis überhaupt nicht; hier gelte für ausländischen Wein § 3 Abs. 1 ausnahmslos, und daß der Bundesrat auch im übrigen von der vorbehaltenen Befugnis nicht Gebrauch machen werde, um gefälschter Auslandsware den deutschen Markt zu öffnen, bedürfe nicht besonderer Versicherung; überdies seien die Vorschriften über die Weinbereitung im Auslande teilweise strenger als bei uns. Es handle sich nur um im Ursprungslande zugelassene unbedenkliche Methoden der Kellerbehandlung.

Auf Anfrage wurde auch erwidert, daß Zusätze von Weinsteinsäure auch bei Auslandsweinen ausgeschlossen bleiben müßten.

4. Durch die Bundesratsverordnung v. 9. Juli 1909 (s. hinten) sind ausländische Weine, Traubenmaischen oder Traubenmost zum Verkehr zugelassen, soweit sie den Vorschriften ihres Ursprungslandes entsprechen, ausgenommen bei Gehalt an bestimmten chemischen Verbindungen. Vgl. die Verordnung selbst. Es ist Pflicht jedes Importeurs, sich von der zulässigen Beschaffenheit der jeweiligen Erzeugnisse sichere Kenntnis zu beschaffen. Sonst ist die Einfuhr durch § 14 verboten.

Ist der Nachweis der gesetzlichen Beschaffenheit geführt, so stehen die ausländischen Erzeugnisse den einheimischen gleich.

5. Strafbestimmung in § 26 Ziff. 1.

§ 14.

Die Einfuhr von Getränken, die nach § 13 vom Verkehr ausgeschlossen sind, ferner von Traubenmaische, die einen nach den Bestimmungen des § 3 Abs. 1 oder des § 4 nicht zulässigen Zusatz erhalten hat, ist verboten.

Der Bundesrat erläßt die Vorschriften zur Sicherung der Einhaltung des Verbots, er ist ermächtigt, die Einfuhr von Traubenmaische, Traubenmost oder Wein zu verbieten, die den am Orte der Herstellung geltenden Vorschriften zuwider hergestellt oder behandelt worden sind.

1. Der Entwurf bemerkte hierzu:

„An die technische Untersuchung jeder eingehenden Menge durch die Eingangsstelle kann bei dem Umfange der Einfuhr nicht gedacht werden; solche Untersuchungen werden vielmehr, soweit nicht ein besonderer Anlaß vorliegt, sie weiter auszudehnen, auf Stichproben zu beschränken sein. Dagegen wird gefordert werden müssen, daß die Einfuhrfähigkeit für jede Sendung durch einwandfreie Begleitpapiere nachgewiesen wird.

Für den Handel wird die Unbequemlichkeit der Eingangskontrolle dadurch aufgewogen werden, daß sie die Kontrolle ausländischer Erzeugnisse im Inlande vereinfacht."

2. Wegen Kognakbrennwein vgl. § 13 Anm. 2.

3. Die Grundsätze der gemäß Abs. 2 vorgesehenen Vorschriften enthält die Verordnung vom 9. Juli 1909; hinter dem Gesetz abgedruckt.

Die Einzelheiten sind durch die gleichfalls hinten abgedruckte Weinzollordnung geregelt.

§ 15.

Getränke, die nach § 13 vom Verkehr ausgeschlossen sind, dürfen zur Herstellung von weinhaltigen Getränken, Schaumwein oder Kognak nicht verwendet werden. Zu anderen Zwecken darf die Verwendung nur mit Genehmigung der zuständigen Behörde erfolgen.

1. Getränke, die nach § 13 vom Verkehr ausgeschlossen sind, dürften an und für sich folgerichtigerweise auch nicht weiter verarbeitet werden, da sie sonst in veränderter Form

doch dem Verkehre zugeführt werden können. Praktische Erwägungen legen indessen nahe, die, wenn auch beschränkte Möglichkeit, zu eröffnen, solche Getränke wirtschaftlich zu verwerten. Zu denken ist insbesondere an den Fall, daß Getränke auf Grund des § 31 eingezogen worden sind; doch sollen andere Fälle nicht grundsätzlich ausgeschlossen werden (vgl. Anm. 2).

Als zulässige Art der Verwendung wird in der Hauptsache die Essigbereitung oder auch die Destillation, diese mit Ausschluß der Verwertung des Destillats als Kognak, in Betracht kommen (Entw.).

In der Kommission kam der Standpunkt, daß gemäß § 13 vom Verkehr ausgeschlossene Weine — ob kranke oder andere — nicht unter allen Umständen zu vernichten seien, noch klarer dahin zum Ausdruck, daß eine wirtschaftliche Verwertung möglichst angestrebt werden solle. Denn nach Anschauung der verbündeten Regierungen soll Wein, der noch verwendbar ist, in der Regel nicht vernichtet, sondern in entsprechender Weise verwendet werden; doch sei es nicht zweckmäßig, gesetzlich festzulegen, daß die Verwendung zugelassen werden müsse. Dagegen unterliege es keinem Bedenken, in die nach § 25 aufzustellenden Vollzugsgrundsätze eine Bestimmung des Inhalts aufzunehmen, daß Wein, der eine wirtschaftliche Verwendung zulasse, einer solchen in der Regel auch zuzuführen sei.

Um jeden Mißbrauch auszuschließen, sind eben bestimmte Verwendungsarten gesetzlich untersagt.

2. Strafbestimmung in § 26 Ziff. 1, § 30.

§ 16.

Der Bundesrat ist ermächtigt, die Verwendung bestimmter Stoffe bei der Herstellung von weinhaltigen Getränken, Schaumwein oder Kognak zu beschränken oder zu untersagen, sowie bezüglich der Herstellung von Schaumwein und Kognak zu be-

stimmen, welche Stoffe hierbei Verwendung finden dürfen, und Vorschriften über die Verwendung zu erlassen.

1. Weinhaltige Getränke. (Vgl. auch die Anm. 4 zu § 8.) Hierunter sind alle Getränke begriffen, die entweder Wein als integrierenden Bestandteil enthalten oder den Gehalt an Wein in der Bezeichnung zum Ausdruck bringen. (Bowle, Maitrank, Glühwein, Burgunderpunsch usw.) Vino Vermouth oder Vermouth di Torino, Muscat Lunel, Muskatlikör und ähnliche gehören zu den weinhaltigen Getränken ebenso wie die Arzneiweine, die im übrigen noch den Vorschriften der Arzneibücher unterliegen. Bei Kollision der Vorschriften des Weingesetzes und des deutschen Arzneibuchs (Pharmakopöe) dürfte bezüglich des zu verwendenden Weines dieses Gesetz, im übrigen aber das Arzneibuch den Vorrang zu beanspruchen haben.

2. Die Stoffe, welche bei Herstellung von weinhaltigen Getränken, Schaumwein oder Kognak keine Verwendung finden dürfen, sind in der Verordnung v. 9. Juli 1909 enthalten (siehe hinten); es sind dieselben, die bei § 10 schon ausgeschlossen wurden.

Während der Bundesrat erschöpfend anordnen kann, welche Stoffe bei Herstellung von Schaumwein oder Kognak verwendet werden dürfen, hat er bei weinhaltigen Getränken nur die Vollmacht bestimmte Stoffe auszuschließen. Diese Getränke finden darum ihre Regelung auch noch durch das Nahrungsmittelgesetz, soweit der Bundesrat nicht von seinem Ausschlußrecht Gebrauch gemacht hat.

Für Schaumwein und Kognak geht die Befugnis des Bundesrats sogar noch weiter, indem er auch über die Art der Verwendung Bestimmungen treffen kann. Übrigens ist von diesen Vollmachten bisher kein vollkommener Gebrauch gemacht worden.

3. Strafbestimmung in § 26 Ziff. 1.

§ 17.

Schaumwein, der gewerbsmäßig verkauft oder feilgehalten wird, muß eine Bezeichnung tragen, die das Land erkennbar macht, wo er auf Flaschen gefüllt worden ist; bei Schaumwein, dessen Kohlensäuregehalt ganz oder teilweise auf einem Zusatze fertiger Kohlensäure beruht, muß die Bezeichnung die Herstellungsart ersehen lassen. Dem Schaumwein ähnliche Getränke müssen eine Bezeichnung tragen, welche erkennen läßt, welche dem Weine ähnlichen Getränke zu ihrer Herstellung verwendet worden sind. Die näheren Vorschriften trifft der Bundesrat.

Die vom Bundesrate vorgeschriebenen Bezeichnungen sind auch in die Preislisten und Weinkarten sowie in die sonstigen im geschäftlichen Verkehr üblichen Angebote mit aufzunehmen.

1. Die Vorschriften betreffs Schaumwein sind im wesentlichen die des früheren Gesetzes geblieben. Neu ist der Passus, daß die Provenienz der Kohlensäure deklariert wird. Diese stammt bekanntlich in der Regel aus der Gärung des Schaumweins auf der Flasche, teilweise findet auch Zusatz von künstlicher Kohlensäure statt, entweder ausschließlich oder zur Ergänzung vorhandener aber ungenügender Gärungskohlensäure. Neuerdings ist man nun bemüht, die Grundsätze der Flaschengärung zwar beizubehalten, die Methodik aber wirtschaftlicher zu gestalten. In der Reichstagskommission führte ein Mitglied, das eine Änderung des Entwurfs beantragt und die jetzige Fassung des Gesetzes herbeigeführt hat, aus, daß der Text des Entwurfs: „Schaumwein, der nicht mittels Flaschengärung hergestellt ist“, bedenklich für die weitere Entwicklung der Schaumweinindustrie werden könne.

7*

„Die Gärung in der Flasche könne nicht als die einzig berechtigte Art der Schaumweinbereitung gelten. Beachtenswerte Versuche wiesen darauf hin, daß es möglich sei, auch in größeren Gefäßen Schaumwein ausschließlich durch Gärung herzustellen. Das Prinzip sei das nämliche wie bei der Flaschengärung, die Ausführung aber sei wirtschaftlicher; man solle solche Änderungen der Technik, denen vielleicht die Zukunft gehöre, nicht von vornherein unmöglich machen."

Die Regierung gab nach gepflogenen Erhebungen die Zweckmäßigkeit der Änderung zu, die dann in der jetzigen Form beschlossen wurde.

2. Schaumweinähnliche Getränke.

Eine zu § 17 vorgelegte Petition der Obst- und Beerenweinsektkellereien bat, Fruchtschaumwein von der Vorschrift des zweiten Satzes auszunehmen.

Der Vertreter der verbündeten Regierungen bemerkte, Fruchtschaumweine würden im dritten Satze analog der im § 10 zum Ausdrucke gebrachten Auffassung als dem Schaumwein ähnliche Getränke behandelt; die Vorschriften des zweiten Satzes berührten sie nicht; die Aufnahme einer besonderen Vorschrift sei also überflüssig.

Ein aus Apfelmost gewonnener Schaumwein muß sich z. B. Apfelschaumwein nennen. Dagegen braucht er auch bei zugesetzter Kohlensäure kein Etikett „Mit Kohlensäurezusatz" tragen.

3. Wegen „gewerbsmäßig" vgl. § 5.

4. Ausführungsbestimmungen hinten in der Bundesratsverordnung vom 9. Juli 1909.

5. Strafbestimmung in § 28 Ziff. 3.

§ 18.

Trinkbranntwein, dessen Alkohol nicht ausschließlich aus Wein gewonnen ist, darf im geschäftlichen Verkehre nicht als Kognak bezeichnet werden.

Trinkbranntwein, der neben Kognak Alkohol anderer Art enthält, darf als Kognakverschnitt bezeichnet werden, wenn mindestens $^1/_{10}$ des Alkohols aus Wein gewonnen ist.

Kognak und Kognakverschnitte müssen in 100 Raumteilen mindestens 38 Raumteile Alkohol enthalten.

Trinkbranntwein, der in Flaschen oder ähnlichen Gefäßen unter der Bezeichnung Kognak gewerbsmäßig verkauft oder feilgehalten wird, muß zugleich eine Bezeichnung tragen, welche das Land erkennbar macht, wo er für den Verbrauch fertiggestellt worden ist. Die näheren Vorschriften trifft der Bundesrat.

Die vom Bundesrate vorgeschriebenen Bezeichnungen sind auch in die Preislisten und Weinkarten sowie in die sonstigen im geschäftlichen Verkehr üblichen Angebote mit aufzunehmen.

1. Die Aufnahme des „Kognakparagraphen" ist völlig neu. Die Motive rechtfertigen ihn so: Der Gebrauch des Namens Kognak als Warenbezeichnung bedurfte einer Regelung durch Gesetz. Vorschriften hierüber wurden von den deutschen Kognakbrennern sowohl wie vom Kognakhandel nachdrücklich gefordert, um die Unsicherheit zu beseitigen, die in dieser Hinsicht herrschte. Die enge Verbindung der Kognakindustrie mit Weinbau und Weinhandel rechtfertigte es daher, die Revision des Weingesetzes zu benutzen, um diesem Verlangen zu entsprechen.

Der Name Kognak wird in Deutschland ebenso wie in anderen Ländern seit langer Zeit als Gattungsname benutzt, um ein Erzeugnis der Weindestillation von der Art zu bezeichnen, wie es in der Stadt Cognac des französischen

Departements Charente hergestellt wird. Als Herkunftsbezeichnung wird er nur dann betrachtet, wenn die besondere Art des Gebrauchs, z. B. die zusätzliche Angabe einer Firma oder die Hinzufügung von Worten in französischer Sprache, einen geographischen Hinweis enthält. Besteht hierüber in der Praxis des Verkehrs wie der Gerichte kein Zweifel, so gingen die Meinungen darüber, welchen Anforderungen die Ware entsprechen muß, um Anspruch auf die Bezeichnung Kognak erheben zu können, auseinander. Die Hauptfrage war, ob der Alkoholgehalt, entsprechend der ursprünglichen Art der Gewinnung in Cognac, ausschließlich aus der Destillation von Wein herrühren muß oder ob es genügt, wenn dies nur für einen Teil des Alkohols zutrifft. In der französischen Gesetzgebung hat sich in neuerer Zeit die strengere Ansicht wieder Geltung verschafft. Die führende Stellung der französischen Industrie wie der Umfang der Einfuhr französischer Erzeugnisse nach Deutschland ließen es daher angezeigt erscheinen, diesem Vorgange zu folgen und einen Grundsatz anzuerkennen, dessen strenge Beobachtung auch der deutschen Industrie nur von Nutzen sein kann. Um jeder Täuschung über die Herkunft vorzubeugen, ist daneben bestimmt worden, daß ähnlich wie im Schaumweinhandel auf jeder Flasche mit Kognak das Land anzugeben ist, wo der Inhalt für den Verbrauch fertiggestellt worden ist.

Vertreter der Kognakbrennerei wie des Kognakhandels hatten sich mit dieser Art der gesetzlichen Regelung einverstanden erklärt.

2. Die Vorschrift des Abs. 1 **kann nicht** in der Weise in die bejahende Form **umgekehrt werden**, daß die Bezeichnung Kognak jedem Trinkbranntweine zustehe, dessen Alkohol ausschließlich aus Wein gewonnen ist. Entsprechend den von der Rechtsprechung anerkannten Handelsgebräuchen wird vielmehr der Name Kognak auch in Zukunft nur solchem Weinbranntwein beigelegt werden dürfen, der nach Art der Herstellung und Beschaffenheit den be-

kannten Erzeugnissen der Weindestillation in Cognac entspricht.

3. In der Reichstagskommission war beantragt gewesen, hinter Wein im Abs. 1 die Worte „beliebiger Herkunft“ einzuschieben. Die Regierung erklärte jedoch, der beantragte Zusatz sei überflüssig; denn weder dem Wortlaute, noch der Absicht nach beschränke die Vorlage den Gebrauch der Bezeichnung Kognak auf den aus Charentewein gewonnenen Branntwein; auf das bei der Kognakbereitung in Frankreich herkömmliche Verfahren sei in den Erläuterungen zu § 18 (s. Anm. 1) nur zu dem Zwecke verwiesen, um zu erläutern, daß die Begriffe Weindestillat und Kognak sich nicht decken. Die Annahme, daß dadurch die französischen Vorschriften als auch für Deutschland schlechthin verbindlich bezeichnet seien, treffe weder hinsichtlich des Verfahrens und noch weniger hinsichtlich des Ausgangsstoffes für die Destillation zu.

Als Ausgangsstoff darf in der Kognakbrennerei zwar gemäß § 15 nur Wein verwendet werden, der nach den Vorschriften dieses Gesetzes unbeschränkt verkehrsfähig ist, aber auch alle, die diesen Anforderungen genügen.

Vgl. aber auch die Anm. 2 zu § 13 betr. die Einfuhr von Brennweinen.

Die für Kognakbereitung verbotenen Stoffe vgl. in §§ 10 u. 16 und den dazugehörigen Ausführungsbestimmungen.

4. Kognakverschnitt. Abs. 2 billigt Gemischen, die neben Kognak Alkohol anderer Art enthalten, die Bezeichnung Kognakverschnitt zu. Ein Mindestgehalt an 10 % Weinalkohol ist aber gefordert. Die Regierung wollte diese zahlenmäßige Grenze nicht, es sollte nur der Anteil des Kognaks groß genug sein, um in dem Gemische zur Geltung zu kommen.

Die Festsetzung eines Mindestgehalts an Weinalkohol schien ihr nicht unbedenklich, weil jede Möglichkeit der

Nachprüfung fehle, sowie deshalb, weil die Vorschrift leicht dazu führen könne, bessere Verschnitte ganz zu verdrängen.

Die Kommission beschloß aber unter schließlicher Zustimmung der Regierung die jetzt gültige Bestimmung.

Es ist also bei Verschnittkognak nicht erforderlich, daß $^1/_{10}$ des Ganzen Weindestillat sei, sondern 10% des vorhandenen Alkohols muß Weinalkohol sein. Beim Mindestgehalt von 38 Volumprozent Alkohol müssen demnach 3,8% Weinalkohol sein, bei 45prozentigem Kognak 4,5% usw.

5. Kunstkognak, Fassonkognak. Die Bezeichnungen sind jetzt gar nicht mehr zulässig, das Wort Kognak darf nur noch für wirklichen Kognak, sowie in Verbindung mit dem Worte „Verschnitt" für Kognakverschnitt gebraucht werden.

Eine Petition von Interessenten hatte beim Reichstag beantragt, Verschnitten mit weniger als 10% Weinalkohol die Bezeichnung Kunstkognak oder Fassonkognak zuzugestehen. Hiergegen verhielten sich aber sowohl Regierung wie Reichstagskommission glatt ablehnend. Solche geringen Verschnitte müssen jetzt Phantasienamen wählen.

6. Kognakhaltige Liköre. Kognakliköre, insbesondere Eierkognak müssen sich bezüglich ihres Kognakgehaltes natürlich den jetzigen Bestimmungen anpassen. Dagegen scheint es unbedenklich, wenn sie sich der Verschnitte bedienen, sofern aus der Bezeichnung des Likörs hervorgeht, daß nicht reiner Kognak verwendet wurde (z. B. Eierkognak aus Kognakverschnitt).

7. „Für den Verbrauch fertiggestellt" wird der Inhalt einer Flasche dort, wo die letzte, die Zusammensetzung des Getränkes beeinflussende Handlung vorgenommen wird. Zu diesen Handlungen gehört ebensowohl der Verschnitt mit anderem Kognak wie die Herabsetzung des Alkoholgehalts durch den Zusatz von Wasser (Entw.).

Die Herabsetzung des Alkoholgehalts hochprozentiger ausländischer Destillate mittels Wassers ist als „Fertigstellung" zu betrachten (Bericht).

8. Schreibweise des Wortes Kognak oder Cognac. Es sind offiziell im Gesetz und in den Ausführungsbestimmungen beide Schreibarten benutzt, ohne damit Unterschiede hervorheben zu wollen, so daß es dem Belieben der Beteiligten anheimgestellt ist, welcher Orthographie sie folgen wollen. Insbesondere ist die Schreibweise mit „C" nicht dem französischen Kognak vorbehalten.

9. Ausführungsbestimmungen s. hinten in der Bundesratsverordnung vom 9. Juli 1909.

10. Strafbestimmungen im § 28 Ziff. 1 u. 3. Die Vorschriften der Abs. 1, 2 stehen ebenso wie die des § 6 u. § 7 Satz 1 unter dem strafrechtlichen Schutze der Gesetze zum Schutze der Warenbezeichnungen und zur Bekämpfung des unlauteren Wettbewerbes. Für die Vorschrift im Abs. 1 tritt die Strafdrohung im § 28 Nr. 1 ergänzend hinzu.

§ 19.

Wer Trauben zur Weinbereitung, Traubenmaische, Traubenmost oder Wein gewerbsmäßig in Verkehr bringt oder gewerbsmäßig Wein zu Getränken weiter verarbeitet, ist verpflichtet, Bücher zu führen, aus denen zu ersehen ist:

1. welche Weinbergsflächen er abgeerntet hat, welche Mengen von Traubenmaische, Traubenmost oder Wein er aus eigenem Gewächse gewonnen oder von anderen bezogen und welche Mengen er an andere abgegeben oder welche Geschäfte über solche Stoffe er vermittelt hat:
2. welche Mengen von Zucker oder von anderen für die Kellerbehandlung des Weines (§ 4)

oder zur Herstellung von Haustrunk (§ 11) bestimmten Stoffen er bezogen und welchen Gebrauch er von diesen Stoffen zum Zuckern (§ 3) oder zur Herstellung von Haustrunk gemacht hat;

3. welche Mengen der im § 10 bezeichneten dem Weine ähnlichen Getränke er aus eigenem Gewächse gewonnen oder von anderen bezogen und welche Mengen er an andere abgegeben oder welche Geschäfte über solche Stoffe er vermittelt hat.

Die Zeit des Geschäftsabschlusses, die Namen der Lieferanten und, soweit es sich um Abgabe im Fasse oder in Mengen von mehr als einem Hektoliter im einzelnen Falle handelt, auch der Abnehmer, sind in den Büchern einzutragen.

Die Bücher sind nebst den auf die einzutragenden Geschäfte bezüglichen Geschäftspapieren bis zum Ablaufe von fünf Jahren nach der letzten Eintragung aufzubewahren.

Die näheren Bestimmungen über die Einrichtung und die Führung der Bücher trifft der Bundesrat; er bestimmt, in welcher Weise und innerhalb welcher Frist die bei dem Inkrafttreten dieses Gesetzes vorhandenen Bestände in den Büchern vorzutragen sind.

1. Der Beginn des § 19 lautete im Entwurf: „Wer Wein herstellt oder Trauben usw." die Worte „Wein herstellt oder" sind aber gestrichen worden, damit die Personen, die nur für eigenen Bedarf Wein herstellen, nicht zur Buchführung verpflichtet sein sollen.

2. Gewerbsmäßig.

In der Kommission wurde angeregt, das Wort „gewerbsmäßig“ durch „gegen Entgelt“ zu ersetzen, da nicht nur Winzer und Händler, sondern alle Leute Buch führen sollten, die ebenso wie solche Geschäftsleute Wein herstellten und verkauften, wie z. B. Geistliche oder Lehrer, die Nutznießer von Weinbergen seien.

Ein Vertreter der Regierung bemerkte, der Ausdruck „Wer Wein usw. gewerbsmäßig in den Verkehr bringt“ decke diese Fälle, wollte man „gewerbsmäßig“ durch „gegen Entgelt“ ersetzen, so würde aber auch jeder gelegentliche Verkauf getroffen, was zu weit gehe.

3. Verpflichtung zur Buchführung.

Auf eine Anfrage in der Kommission erwiederte der Regierungsvertreter, auch Winzer, die ihr Erzeugnis in sogenannten Straußwirtschaften zum Ausschank brächten, unterlägen dem Buchführungszwang.

Die Erfordernisse der Buchführung wurden in der Kommission eingehend erörtert und zur Sprache gebracht, daß sich die Vorschriften für die kleinen Winzerbetriebe auf das unbedingt notwendige, also insbesondere auf die Kontrolle des Ursprungs und der etwaigen Vermehrung, beschränken sollten. Seitens der Regierung wurde bemerkt, daß dies nicht nur für die Winzerbetriebe, sondern ganz allgemein gelte. Auch in dieser Beschränkung werde aber die Buchführung gerade für den Winzer manche ungewohnte Unbequemlichkeit mit sich bringen. Die Regierung habe hierauf schon bei der Beratung des Gesetzes vom 24. Mai 1901 und später im Reichstage bei verschiedenen Weindebatten hingewiesen und eben deshalb lange Bedenken getragen, den wiederholten und dringenden Anregungen des Reichstages Folge zu geben.

Daß bei der Durchführung gegen Versehen, die nicht auf bösem Willen beruhten, nachsichtig vorgegangen werden müsse, sei selbstverständlich.

Für den Einzelverkauf in Flaschen und für den Weinausschank genügen nach einer Erklärung in der Kommission summarische Eintragungen.

Eine Anfrage, ob Schaumweinfabriken zur Buchführung verpflichtet seien, wurde für den Fall bejaht, daß sie Stillwein gewerbsmäßig absetzen. Schließlich wurde als zweifellos bezeichnet, daß auch über den Bezug von Tafeltrauben Buch zu führen sei, wenn sie zum Zwecke der Weinbereitung gekauft werden.

4. Die Ausführungsbestimmungen vom 9. Juli 1909 s. hinten.

5. Strafbestimmung in § 26 Ziff. 2, § 28 Ziff. 4.

§ 20.

Werden in einem Raume, in dem Wein zum Zwecke des Verkaufs hergestellt oder gelagert wird, in Gefäßen, wie sie zur Herstellung oder Lagerung von Wein verwendet werden, Haustrunk (§ 11) oder andere Getränke als Wein oder Traubenmost verwahrt, so müssen diese Gefäße mit einer deutlichen Bezeichnung des Inhalts an einer in die Augen fallenden Stelle versehen sein.

Bei Flaschenlagerung genügt die Bezeichnung der Stapel.

Personen, die wegen Verfehlungen gegen dieses Gesetz wiederholt oder zu einer Gefängnisstrafe verurteilt worden sind, kann die Verwahrung anderer Stoffe als Wein oder Traubenmost in solchen Räumen durch die zuständige Polizeibehörde untersagt werden.

1. Die Vorschrift des § 20 bezieht sich auf alle Getränke überhaupt, die nicht Wein oder Traubenmost sind.

Die Aufschriften müssen deutlich, leicht lesbar und haltbar angebracht sein.

2. Strafbestimmung in § 29 Ziff. 3.

§ 21.

Die Beobachtung der Vorschriften dieses Gesetzes ist durch die mit der Handhabung der Nahrungsmittelpolizei betrauten Behörden und Sachverständigen zu überwachen.

Zur Unterstützung dieser Behörden sind für alle Teile des Reichs Sachverständige im Hauptberufe zu bestellen.

§ 22.

Die zuständigen Beamten und Sachverständigen (§ 21) sind befugt, außerhalb der Nachtzeit und, falls Tatsachen vorliegen, welche annehmen lassen, daß zur Nachtzeit gearbeitet wird, auch während dieser Zeit, in Räume, in denen Traubenmost, Wein oder dem Weine ähnliche Getränke hergestellt, verarbeitet, feilgehalten oder verpackt werden, und bei gewerbsmäßigem Betrieb auch in die zugehörigen Lager- und Geschäftsräume, ebenso in die Geschäftsräume von Personen, die gewerbsmäßig Geschäfte über Traubenmaische, Traubenmost, Wein, Schaumwein, weinhaltige, dem Weine ähnliche Getränke oder Kognak vermitteln, einzutreten, daselbst Besichtigungen vorzunehmen, geschäftliche Aufzeichnungen, Frachtbriefe und Bücher einzusehen, auch nach ihrer Auswahl Proben zum Zwecke der Untersuchung zu fordern oder selbst zu entnehmen. Über die Probenahme ist eine Empfangsbescheinigung zu erteilen. Ein Teil der Probe ist amtlich verschlossen oder versiegelt zurückzulassen. Auf Verlangen ist für die entnommene Probe eine angemessene Entschädigung zu leisten.

Die Nachtzeit umfaßt in dem Zeitraume vom 1. April bis 30. September die Stunden von 9 Uhr Abends bis 4 Uhr Morgens und in dem Zeitraume vom 1. Oktober bis 31. März die Stunden von 9 Uhr Abends bis 6 Uhr Morgens.

1. Werden revisionspflichtige Räume der Besichtigung vorenthalten, etwa in der Weise, daß dieselben sich äußerlich als etwas anderes darstellen, so bedarf es der Anordnung einer Durchsuchung nach den Vorschriften der Strafprozeßordnung.

Der Eintritt in Räume, die anderen als den aufgeführten Zwecken dienen, ist nicht zu beanspruchen.

Da nur für die Nachtzeit eine besondere Begründung der Revision erfordert wird, so erscheint eine solche auch an Sonntagen usw. zulässig, falls sie besonders zweckmäßig erscheint.

2. Beamte und Sachverständige. Beide Eigenschaften können sich in einer Person vereinigen. Sonst dürfte die Anwesenheit des Sachverständigen gleichzeitig mit der des Beamten zu erfolgen haben, da die Revisionen einerseits die Qualität als Beamter, andererseits sachverständige Kenntnisse erfordern.

Gegen die Person des Revisors steht dem Revidenten kein Einspruch zu, insbesondere kann er die Revision nicht verweigern. Gegen Mißgriffe des Revisors steht dem Revidierden die Beschwerde an die vorgesetzte Behörde zu. Eine Legitimation mit Vollmacht wird dem Revidenden auf Verlangen vorzulegen sein.

Wegen „Zuständigkeit“ der Beamten und Sachverständigen vgl. Anm. 3 zu § 23.

3. Nächtliche Revisionen sind nur zugelassen, wenn Tatsachen vorliegen, die Nachtarbeit vermuten lassen. Wenn sich diese Vermutung bei begonnener Revision als unrichtig herausstellt, so kann die einmal begonnene Revision dennoch zu Ende geführt werden, da die Richtigkeit der Vermutung nicht unbedingtes Erfordernis ist.

Allerdings müssen die Gründe, die für die Vornahme der nächtlichen Revision sprachen, vernünftige sein. Die Entscheidung darüber steht zunächst der Aufsichtsbehörde zu.

4. Die Zeitdauer der Revision ist nicht beschränkt, sondern in das Ermessen des Revisors gestellt. Derselbe ist deshalb auch in die Lage gesetzt, dem Betriebe zuzusehen und die Handhabung desselben zu beobachten

5. Aufzeichnungen, Frachtbriefe, Bücher.

Zu den Aufzeichnungen und Büchern gehören nicht nur die kaufmännischen Bücher und Rechnungen, sondern insbesondere auch Rezeptbücher, Arbeitsvorschriften u. a.

6. Probeentnahme. Die Probe wird im ganzen entnommen. Ein Teil davon ist unverlangt dem Revidierten amtlich versiegelt zurückzulassen. Entschädigung ist für die ganze entnommene Probe zu leisten, auch für den zurückgelassenen Teil, da auch dieser ohne Verschulden des Betroffenen aus dem Verkehr gezogen ist.

Der zurückgelassene Teil der Probe, die sogen. Gegenprobe, soll zu Kontrolluntersuchungen dienen. Sie ist, natürlich ohne Verletzung der amtlichen Siegel, einem freigewählten Sachverständigen zur Prüfung zu übergeben.

Die Probeentnahme ist keineswegs auf die fertigen Getränke beschränkt, sondern kann auch von sämtlichen Rohmaterialien und Halbfabrikaten erfolgen.

Die verlangte Empfangsbescheinigung ist sofort auszustellen.

Entschädigung kann erst verlangt werden, nachdem die Untersuchung die gesetzmäßige Beschaffenheit der Probe ergeben hat.

Die Probenhergabe ist kein Kauf, da nur einer gesetzlichen Pflicht genügt wird. Es liegt auch kein Inverkehrbringen dabei vor, selbst wenn die Probe gegeben (statt selbst entnommen) wird.

Die Höhe der Entschädigung ist der übliche Verkaufspreis.

7. Strafbestimmung in § 29 Ziff. 5.

§ 23.

Die Inhaber der im § 22 bezeichneten Räume sowie die von ihnen bestellten Betriebsleiter und Aufsichtspersonen sind verpflichtet, den zuständigen Beamten und Sachverständigen auf Erfordern diese Räume zu bezeichnen, sie bei deren Besichtigung zu begleiten oder durch mit dem Betriebe vertraute Personen begleiten zu lassen und ihnen Auskunft über das Verfahren bei Herstellung der Erzeugnisse, über den Umfang des Betriebs, über die zur Verwendung gelangenden Stoffe, insbesondere auch über deren Menge und Herkunft, zu erteilen sowie die geschäftlichen Aufzeichnungen, Frachtbriefe und Bücher vorzulegen. Personen, die gewerbsmäßig Geschäfte über Traubenmaische, Traubenmost, Wein, Schaumwein, weinhaltige oder dem Weine ähnliche Getränke vermitteln, sind verpflichtet, Auskunft über die von ihnen vermittelten Geschäfte zu erteilen sowie die geschäftlichen Aufzeichnungen und Bücher vorzulegen. Die Erteilung von Auskunft kann jedoch verweigert werden, soweit derjenige, von welchem sie verlangt wird, sich selbst oder einem der im § 51 Nr. 1 bis 3 der Strafprozeßordnung bezeichneten Angehörigen die Gefahr strafgerichtlicher Verfolgung zuziehen würde.

1. Nur die Inhaber, Betriebsleiter und Aufsichtspersonen sollen zur Auskunftserteilung gehalten sein. Von Arbeitern und Angestellten mit geringeren Funktionen wird lediglich eine Erklärung ihrer eigenen Tätigkeit zu beanspruchen sein.

Während die Vorlage aller geschäftlichen Aufzeichnungen, Frachtbriefe und Bücher verlangt werden kann, kann die mündliche Auskunfterteilung seitens der Geschäftsinhaber und Angestellten sich auf folgende Punkte beschränken:

1. Verfahren bei der Herstellung der Erzeugnisse;
2. Umfang des Betriebes;
3. zur Verwendung gelangende Stoffe, auch nach Menge und Herkunft.

Also nur über die technischen Vorgänge bis zur Fertigstellung des Getränkes besteht die Pflicht zur Auskunfterteilung. Die kaufmännischen Angelegenheiten, insbesondere der Vertrieb des Getränkes, brauchen nicht dargelegt zu werden. Diesbezüglich bewendet es bei der Vorlage der Geschäftspapiere.

Gewerbsmäßige Vermittler, Agenten, haben Auskunft in vollem Umfange zu geben, auch durch Vorlage ihrer geschäftlichen Aufzeichnungen.

2. Zuständige Beamte und Sachverständige sind die gemäß § 21 bestellten. Nur ihnen gegenüber besteht die Pflicht zur Auskunfterteilung und Büchervorlage. Sollen auch andere Beamte oder Sachverständige ohne Zustimmung des Geschäftsinhabers Einsicht erlangen, so ist das nur auf dem Wege der Beschlagnahme und weiterer richterlicher Anordnung möglich, ebenso wenn der Revisor die Papiere anderswo als in den betr. Geschäfts-

räumen einsehen will. Eine Mitnahme steht ihm nur zu, sofern er die Eigenschaft als Hilfsbeamter der Staatsanwaltschaft besitzt.

Tatsächlich ist ganz neuerdings einer größeren Anzahl von Angehörigen der Untersuchungsämter dieser Charakter verliehen worden. Diese werden aber mit Erfolg als Sachverständige in den sich anschließenden Strafprozessen abgelehnt werden können, sofern sie von dieser Eigenschaft in irgendeinem Stadium der Vorbereitung des Strafverfahrens Gebrauch gemacht haben (§§ 74 und 22 StPO.).

3. Die verlangte Auskunft kann verweigert werden, wenn der Befragte sich selbst oder im § 51 Nr. 1—3 StPO. bezeichnete Angehörige der Gefahr strafgerichtlicher Verfolgung aussetzen würde.

§ 51 Abs. 1 StPO. lautet:

Zur Verweigerung des Zeugnisses sind berechtigt:

1. der Verlobte des Beschuldigten;
2. Der Ehegatte des Beschuldigten, auch wenn die Ehe nicht mehr besteht;
3. diejenigen, welche mit dem Beschuldigten in gerader Linie verwandt, verschwägert oder durch Adoption verbunden oder in der Seitenlinie bis zum dritten Grade verwandt oder bis zum zweiten Grade verschwägert sind, auch wenn die Ehe, durch welche die Schwägerschaft begründet ist, nicht mehr besteht.

Wenn von dieser Bestimmung Gebrauch gemacht wird, so genügt nicht die einfache Verweigerung der Auskunft, sondern sie muß ausdrücklich auf § 23 dieses Gesetzes bzw. § 51 StPO. begründet werden, da sonst die angedrohte Strafe eintreten kann.

Die dem Richter in Abs. 2 des § 51 StPO. vorgeschriebene Belehrung betreffs der Befugnis zur Zeugnisverweigerung ist zwar den zuständigen Beamten und Sachverständigen nicht ausdrücklich als Pflicht auferlegt worden, muß aber als in der Absicht des Gesetzgebers liegend erachtet werden.

4. Strafbestimmung in § 26 Ziff. 2 (§ 28), § 29 Ziff. 5.

§ 24.

Die Sachverständigen sind, vorbehaltlich der Anzeige von Gesetzwidrigkeiten, verpflichtet, über die Einrichtungen und Geschäftsverhältnisse, welche durch die Aufsicht zu ihrer Kenntnis kommen, Verschwiegenheit zu beobachten und sich der Mitteilung und Verwertung der Geschäfts- oder Betriebsgeheimnisse zu enthalten. Sie sind hierauf zu beeidigen.

1. § 24 bezieht sich formell nur auf Sachverständige, weil die Beamten bereits auf Grund anderer gesetzlicher Bestimmungen durch das allgemein für sie gültige Amtsgeheimnis zur Verschwiegenheit verpflichtet sind. § 24 braucht sie deshalb nicht besonders neben den Sachverständigen, die hier als Nicht-Beamte gedacht sind, zu nennen.

2. Anzeige von Gesetzwidrigkeiten ist keine Verletzung von Betriebsgeheimnissen, auch dann nicht, wenn in Folge rechtskräftigen Erkenntnisses angenommen werden muß, daß gar keine Gesetzwidrigkeit vorgelegen hat. Hat der Anzeigende nur die Überzeugung, daß eine Gesetzverletzung vorliegt, dann hat er auch die Pflicht zur Strafanzeige. Andererseits muß er auch seiner vorgesetzten Behörde gegenüber das Recht zur Mitteilung solcher Betriebsgeheimnisse haben, zwecks dienstlicher Berichterstattung über alles bei Ausübung der Aufsicht Festgestellte.

3. Die Vereidigung ist für die von dem beauftragten Sachverständigen ausgeführten dienstlichen Verrichtungen ohne Belang. Insbesondere kann der Revidend aus der unterlassenen Vereidigung keinen Grund zur Verweigerung der Besichtigung und Auskunftserteilung ableiten. Die

Unterlassung der gesetzlich vorgeschriebenen Beeidigung könnte höchstens der vorgesetzten Behörde Anlaß zu dienstlicher Rüge geben.

4. Die Pflicht zur Verschwiegenheit über die gemachten Beobachtungen hört nicht auf, wenn etwa das Verhältnis des Sachverständigen zur aufsichtführenden Behörde gelöst sein sollte.

5. Geschäfts- und Betriebsgeheimnisse. Geheimnis ist jede Kenntnis, die nur wenigen Beteiligten zu Gebote steht. Geschäfts- oder Betriebsgeheimnisse sind solche, welche den Erwerb dessen, der sich in ihrem Besitz befindet, fördern oder wenigstens nach seiner Ansicht fördern.

RG. II. Strafsenat v. 2. März 1897 (E. Bd. 29 S. 426).

6. Strafbestimmung in § 27.

§ 25.

Der Vollzug des Gesetzes liegt den Landesregierungen ob.

Der Bundesrat stellt die zur Sicherung der Einheitlichkeit des Vollzugs erforderlichen Grundsätze, insbesondere für die Bestellung von geeigneten Sachverständigen und die Gewährleistung ihrer Unabhängigkeit fest. Er ist ermächtigt, Vorschriften für die jährliche Feststellung der Traubenernte, sowie über Zeitpunkt, Form und Inhalt der nach § 3 Abs. 4 vorgeschriebenen Anzeige zu erlassen.

Die weiter erforderlichen Vorschriften zur Sicherung des Vollzugs werden durch die Landeszentralbehörden oder die von diesen ermächtigten Landesbehörden erlassen.

Die Landeszentralbehörden sind außerdem ermächtigt, im Einvernehmen mit dem Reichskanzler die Grenzen der am Weinbaue beteiligten Gebiete zu bestimmen (§ 3 Abs. 3).

Der Reichskanzler hat die Ausführung des Gesetzes zu überwachen und insbesondere auf Gleichmäßigkeit der Handhabung hinzuwirken.

1. Die Ausführungsbestimmungen zu § 3 Abs. 4 sind in der hinten abgedruckten Bundesratsverordnung v. 9. Juli 1909 enthalten.

§ 26.

Mit Gefängnis bis zu sechs Monaten und mit Geldstrafe bis zu dreitausend Mark oder mit einer dieser Strafen wird bestraft:

1. wer vorsätzlich den Vorschriften des § 2 Satz 2, des § 3 Abs. 1 bis 3, 5, 6, der §§ 4, 9, des § 11 Abs. 4, der §§ 13, 15 oder den gemäß § 12 für die Herstellung und Behandlung von Traubenmost oder Traubenmaische geltenden Vorschriften oder den auf Grund des § 4 Abs. 1 Satz 2, des § 10 Abs. 2, des § 11 Abs. 2 oder des § 16 vom Bundesrat erlassenen Vorschriften zuwiderhandelt;
2. wer wissentlich unrichtige Eintragungen in die nach § 19 zu führenden Bücher macht oder die nach Maßgabe des § 23 von ihm geforderte Auskunft wissentlich unrichtig erteilt, desgleichen wer vorsätzlich Bücher oder Geschäftspapiere, welche nach § 19 Abs. 3 aufzubewahren sind, vor Ablauf der dort bestimmten Frist vernichtet oder beiseite schafft;

3. wer Stoffe, deren Verwendung bei der Herstellung, Behandlung oder Verarbeitung von Wein, Schaumwein, weinhaltigen oder weinähnlichen Getränken unzulässig ist, zu diesen Zwecken ankündigt, feilhält, verkauft oder an sich bringt, desgleichen wer einen diesen Zwecken dienenden Verkauf solcher Stoffe vermittelt.

Stellt sich nach den Umständen, insbesondere nach dem Umfange der Verfehlungen oder nach der Beschaffenheit der in Betracht kommenden Stoffe, der Fall als ein schwerer dar, so tritt Gefängnisstrafe bis zu zwei Jahren ein, neben der auf Geldstrafe bis zu zwanzigtausend Mark erkannt werden kann.

Auf die im Abs. 2 vorgesehene Strafe ist auch dann zu erkennen, wenn der Täter zur Zeit der Tat bereits wegen einer der im Abs. 1 mit Strafe bedrohten Handlungen bestraft ist. Diese Bestimmung findet Anwendung, auch wenn die frühere Strafe nur teilweise verbüßt oder ganz oder teilweise erlassen ist, bleibt jedoch ausgeschlossen, wenn seit der Verbüßung oder dem Erlasse der letzten Strafe bis zur Begehung der neuen Straftat drei Jahre verflossen sind.

In den Fällen des Abs. 1 Nr. 1 wird auch der Versuch bestraft.

1. **Zuständig** sind die Strafkammern. Überweisung an die Schöffengerichte ist nicht zulässig.

2. **Vorsätzlich** ist eine Tat begangen, wenn der Täter das Bewußtsein ihrer Strafbarkeit hatte. Vorsätzlichkeit

ist aber auch anzunehmen, wenn der Täter zwar nicht sichere Kenntnis von der Strafbarkeit hatte, aber im Zweifel war und sich absichtlich sicherer Wissenschaft entzieht (dolus eventualis).

3. Wenn die Strafschärfung des Abs. 3 eintreten soll, so muß nicht nur die Rechtskraft des ersten Urteils bereits bei Begehung der Wiederholung eingetreten sein, sondern die Verbüßung der Strafe muß wenigstens auch begonnen haben oder erlassen sein. Ist die Strafe weder erlassen worden noch, wenn auch nur teilweise, verbüßt, so kann Abs. 2 nicht statthaben. Dagegen hat auch die Nichtanwendung der Strafschärfung nur dann zu unterbleiben, wenn seit der Erledigung der ersten Strafe wenigstens drei Jahre verflossen sind. Die Erledigung kann durch vollständige Verbüßung, vollständige Begnadigung oder teilweise Verbüßung und teilweisen Erlaß stattfinden.

§ 27.

Mit Geldstrafe bis zu eintausendfünfhundert Mark oder mit Gefängnis bis zu drei Monaten wird bestraft, wer den Vorschriften des § 24 zuwider Verschwiegenheit nicht beobachtet, oder der Mitteilung oder Verwertung von Geschäfts- oder Betriebsgeheimnissen sich nicht enthält.

Die Verfolgung tritt nur auf Antrag des Unternehmers ein.

1. Die Strafandrohung betrifft nur die Sachverständigen. Die Beamten werden bei Bruch der Amtsverschwiegenheit in erster Reihe disziplinarisch verantwortlich zu machen sein.

2. Vgl. Anm. 6 zu § 12. Die etwa unterbliebene Vereidigung hat auf eine Bestrafung aus § 27 keinen Einfluß.

3. Zu welcher Person die strafbare Mitteilung erfolgt, ist unerheblich, ebenso in welcher Weise dieselbe bewirkt wurde. Desgleichen bleibt außer Betracht, ob die Mitteilung für den Empfänger einen Wert hat.

4. Die fahrlässige Verletzung des Dienstgeheimnisses unterliegt der gleichen Strafbestimmung wie die vorsätzliche. Der Versuch ist nicht strafbar.

5. Der Strafantrag ist innerhalb dreier Monate nach Kenntnis des Täters zu stellen (vgl. § 61 StGB.). Die Zurücknahme des Antrages ist nicht zulässig.

6. Zuständig sind die Strafkammern. Überweisung ist gestattet (GVG. § 75 Ziff. 14).

§ 28.

Mit Geldstrafe bis zu sechshundert Mark oder mit Haft bis zu sechs Wochen wird bestraft, wer vorsätzlich oder fahrlässig

1. den Vorschriften des § 5 Abs. 1, des § 7 Abs. 2, des § 8, des § 10 Abs. 3 oder des § 18 Abs. 1 zuwiderhandelt;
2. den Vorschriften des § 6 oder des § 7 Abs. 1 zuwider bei der Benennung von Wein eine der Herkunft nicht entsprechende geographische Bezeichnung verwendet;
3. Schaumwein oder Kognak gewerbsmäßig verkauft oder feilhält, ohne daß den Vorschriften des § 17 und des § 18 Abs. 4, 5 genügt ist;
4. außer den Fällen des § 26 Nr. 2 den Vorschriften über die nach § 19 zu führenden Bücher zuwiderhandelt.

1. Zuständig sind die Schöffengerichte.

§ 29.

Der im § 28 bestimmten Strafe unterliegt ferner

1. wer vorsätzlich die nach Maßgabe des § 5 Abs. 2 zu erteilende Auskunft nicht oder unrichtig erteilt;
2. wer vorsätzlich die nach § 3 Abs. 4 und nach § 11 Abs. 3 vorgeschriebenen Anzeigen nicht erstattet oder den auf Grund des § 11 Abs. 3 erlassenen Anordnungen zuwiderhandelt;
3. wer vorsätzlich es unterläßt, an Gefäßen oder Flaschenstapeln die nach § 20 Abs. 1, 2 vorgeschriebenen Bezeichnungen anzubringen, oder einem auf Grund des § 20 Abs. 3 ergangenen Verbote zuwiderhandelt;
4. wer vorsätzlich den von den Landeszentralbehörden oder den von diesen ermächtigten Landesbehörden auf Grund des § 25 Abs. 3 erlassenen Vorschriften zuwiderhandelt;
5. wer den Vorschriften der §§ 22, 23 zuwider das Betreten oder die Besichtigung von Räumen, die Begleitung der Beamten oder Sachverständigen bei der Besichtigung der Räume, die Vorlegung oder die Durchsicht von Geschäftsbüchern oder -papieren, die Abgabe oder die Entnahme von Proben verweigert, desgleichen wer die von ihm geforderte Auskunft nicht oder aus Fahrlässigkeit unrichtig erteilt;

6. wer eine der im § 26 Abs. 1 Nr. 1 bezeichneten Handlungen aus Fahrlässigkeit begeht.

1. Härtere Strafe kann gelegentlich nach § 113 StGB. verwirkt werden.

2. Zuständig sind die Schöffengerichte.

§ 30.

Mit Geldstrafe bis zu einhundertfünfzig Mark oder mit Haft wird bestraft, wer eine der im § 29 Nr. 1 bis 4 bezeichneten Handlungen aus Fahrlässigkeit begeht.

§ 31.

In den Fällen des § 26 Abs. 1 Nr. 1 ist neben der Strafe auf Einziehung der Getränke oder Stoffe zu erkennen, welche den dort bezeichneten Vorschriften zuwider hergestellt, eingeführt oder in den Verkehr gebracht worden sind, ohne Unterschied, ob sie dem Verurteilten gehören oder nicht; auch kann die Vernichtung ausgesprochen werden. In den Fällen des § 28 Nr. 1, 2, 3 und des § 29 Nr. 6 kann auf Einziehung oder Vernichtung erkannt werden.

In den Fällen des § 26 Abs. 1 Nr. 3 ist neben der Strafe auf Einziehung oder Vernichtung der Stoffe zu erkennen, die zum Zwecke der Begehung einer nach den Vorschriften dieses Gesetzes strafbaren Handlung bereit gehalten werden.

Die Vorschriften des Abs. 1, 2 finden auch dann Anwendung, wenn die Strafe gemäß § 73 des Strafgesetzbuchs auf Grund eines anderen Gesetzes zu bestimmen ist.

Ist die Verfolgung oder Verurteilung einer bestimmten Person nicht ausführbar, so kann auf die Einziehung selbständig erkannt werden.

1. Die Einziehung ist nicht stets obligatorisch. Die Vernichtung ist es nie. Die letztere wird wesentlich nur dann in Betracht kommen, wenn sanitäre Gesichtspunkte sie empfehlen. Vgl. § 15 Anm. 1.

§ 32.

Die Vorschriften anderer die Herstellung und den Vertrieb von Wein treffender Gesetze, insbesondere des Gesetzes, betreffend den Verkehr mit Nahrungsmitteln, Genußmitteln und Gebrauchsgegenständen, vom 14. Mai 1879 (Reichs-Gesetzbl. S. 145), des Gesetzes zum Schutze der Warenbezeichnungen vom 12. Mai 1894 (Reichs-Gesetzbl. S. 441) und des Gesetzes zur Bekämpfung des unlauteren Wettbewerbes vom 27. Mai 1896 (Reichs-Gesetzbl. S. 145) bleiben unberührt, soweit nicht die Vorschriften dieses Gesetzes entgegenstehen. Die Vorschriften der §§ 16, 17 des Gesetzes vom 14. Mai 1879 finden auch bei Strafverfolgungen auf Grund der Vorschriften dieses Gesetzes Anwendung. Durch die Landesregierungen kann jedoch bestimmt werden, daß die auf Grund dieses Gesetzes auferlegten Geldstrafen in erster Linie zur Deckung der Kosten zu verwenden sind, die durch die Bestellung von Sachverständigen auf Grund des § 21 dieses Gesetzes entstehen. Die Verwendung erfolgt in diesem Falle durch die mit dem Vollzuge des Gesetzes betrauten Landeszentralbehörden, durch welche die etwa verbleibenden Überschüsse auf die nach § 17 des Gesetzes vom 14. Mai 1879 in Betracht kommenden Kassen zu verteilen sind.

1. Das Gesetz vom 27. Mai 1896 ist inzwischen bereits durch dasjenige vom 7. Juni 1909 ersetzt worden, das am 1. Oktober 1909 an die Stelle des bisherigen tritt. Am Schlusse dieses Bändchens ist daher auch das neue statt des alten Gesetzes abgedruckt.

2. §§ 16 und 17 des Nahrungsmittelgesetzes betreffen die Veröffentlichung des Urteils und die eventuelle Überweisung der Strafgelder an die Untersuchungsanstalten.

§ 33.

Der Bundesrat ist ermächtigt, im Großherzogtume Luxemburg gewonnene Erzeugnisse des Weinbaues den inländischen gleichzustellen, falls dort ein diesem Gesetz entsprechendes Weingesetz erlassen wird.

§ 34.

Dieses Gesetz tritt am 1. September 1909 in Kraft.

Mit diesem Zeitpunkte tritt das Gesetz, betreffend den Verkehr mit Wein, weinhaltigen und weinähnlichen Getränken, vom 24. Mai 1901 (Reichs-Gesetzbl. S. 175) außer Kraft.

Der Verkehr mit Getränken, die bei der Verkündung dieses Gesetzes nachweislich bereits hergestellt waren, ist jedoch nach den bisherigen Bestimmungen zu beurteilen.

Ausführungsbestimmungen des Bundesrates.

Bekanntmachung, betr. Bestimmungen zur Ausführung des Weingesetzes.

Vom 9. Juli 1909. (RGBl. S. 549.)

Auf Grund der §§ 3, 4, 10 bis 14, 17 bis 19 des Weingesetzes vom 7. April 1909 (Reichs-Gesetzbl. S. 393) hat der Bundesrat die nachstehenden Ausführungsbestimmungen beschlossen:

Zu § 3 Abs. 4.

Anlagen 1, 2.

Die Absicht, Traubenmaische, Most oder Wein zu zuckern, ist nach Maßgabe der beigefügten Muster schriftlich anzuzeigen; die zuständige Behörde kann die Eintragung in Listen gestatten, die diesen Mustern nachzubilden und an geeigneten Stellen aufzulegen sind.

Für die neue Ernte ist die Anzeige vor Beginn des Zuckerns nach Muster 1 zu erstatten; dabei braucht die Menge der zu zuckernden Erzeugnisse sowie der Zeitpunkt des Zuckerns für die gesamte Ernte vom

1. September des betreffenden Jahres ab nicht angegeben zu werden. Für Wein früherer Jahrgänge ist jeder einzelne Fall des Zuckerns spätestens eine Woche zuvor nach Muster 2 anzuzeigen.

Zu §§ 4, 11, 12.

Bei der Kellerbehandlung dürfen unbeschadet der nach § 3 des Gesetzes zulässigen Zuckerung der Traubenmaische, dem Traubenmost oder dem Weine Stoffe irgendwelcher Art nur nach Maßgabe der folgenden Bestimmungen zugesetzt werden.

Gestattet ist

A. Allgemein:

1. die Verwendung von frischer, gesunder, flüssiger Weinhefe (Drusen) oder von Reinhefe, um die Gärung einzuleiten oder zu fördern; die Reinhefe darf nur in Traubenmost gezüchtet sein. Der Zusatz der flüssigen Weinhefe darf nicht mehr als zwanzig Raumteile auf eintausend Raumteile der zu vergärenden Flüssigkeit betragen; doch darf diese Hefemenge zuvor in einem Teile des Mostes oder Weines vermehrt werden; dabei darf der Wein mit einer kleinen Menge Zucker versetzt und von Alkohol befreit werden;
2. die Verwendung von frischer, gesunder, flüssiger Weinhefe (Drusen), um Mängel von Farbe oder Geschmack des Weines zu beseitigen. Der Zusatz darf nicht mehr als einhundertundfünfzig Raum-

teile auf eintausend Raumteile Wein betragen: ein Zusatz von Zucker ist hierbei nicht zulässig;

3. die Entsäuerung mittels reinen, gefällten kohlensauren Kalkes;
4. das Schwefeln, sofern hierbei nur kleine Mengen von schwefliger Säure oder Schwefelsäure in die Flüssigkeiten gelangen. Gewürzhaltiger Schwefel darf nicht verwendet werden;
5. die Verwendung von reiner gasförmiger oder verdichteter Kohlensäure oder der bei der Gärung von Wein entstehenden Kohlensäure, sofern hierbei nur kleine Mengen des Gases in den Wein gelangen;
6. die Klärung (Schönung) mittels nachgenannter technisch reiner Stoffe:
   a) in Wein gelöster Hausen-, Stör- oder Welsblase,
   b) Gelatine,
   c) Tannin bei gerbstoffarmem Weine bis zur Höchstmenge von 100 Gramm auf 1000 Liter in Verbindung mit den unter a, b genannten Stoffen,
   d) Eiweiß,
   e) Käsestoff (Kaseïn), Milch,
   f) spanischer Erde,
   g) mechanisch wirkender Filterdichtungsstoffe (Asbest, Zellulose und dergleichen);
7. die Verwendung von ausgewaschener Holzkohle und gereinigter Knochenkohle;

8. das Behandeln der Korkstopfen und das Ausspülen der Aufbewahrungsgefäße mit aus Wein gewonnenem Alkohol oder reinem mindestens 90 Raumprozente Alkohol enthaltenden Sprit, wobei jedoch der Alkohol nach der Anwendung wieder tunlichst zu entfernen ist; bei dem Versand in Fässern nach tropischen Gegenden auch der Zusatz von solchem Alkohol bis zu einem Raumteil auf einhundert Raumteile Wein zur Haltbarmachung.

B. Bei ausländischem Dessertwein (Süd-, Süßwein):

9. der Zusatz von kleinen Mengen gebrannten Zuckers (Zuckercouleur);
10. der Zusatz von aus Wein gewonnenem Alkohol oder reinem mindestens 90 Raumprozente Alkohol enthaltenden Sprit bis zu der im Ursprungslande gestatteten Alkoholmenge.

C. Bei der Herstellung von Haustrunk (§ 11 des Gesetzes):

11. die Verwendung von Zitronensäure bei der Verarbeitung von getrockneten Weinbeeren außerhalb solcher Betriebe, aus denen Wein gewerbsmäßig in den Verkehr gebracht wird.

Die Landeszentralbehörde kann die Verwendung von Zitronensäure auch bei der Verarbeitung von Rückständen der Weinbereitung und für Betriebe zulassen, aus denen Wein gewerbsmäßig in den Verkehr gebracht wird.

Zu §§ 10, 16.

Die nachbezeichneten Stoffe:

lösliche Aluminiumsalze (Alaun und dergleichen), Ameisensäure, Baryumverbindungen, Benzoësäure, Borsäure, Eisencyanverbindungen (Blutlaugensalze), Farbstoffe mit Ausnahme von kleinen Mengen gebrannten Zuckers (Zuckercouleur), Fluorverbindungen, Formaldehyd und solche Stoffe, die bei ihrer Verwendung Formaldehyd abgeben, Glyzerin, Kermesbeeren, Magnesiumverbindungen, Oxalsäure, Salizylsäure, unreiner (freien Amylalkohol enthaltender) Sprit, unreiner Stärkezucker, Stärkesirup, Strontiumverbindungen, Wismutverbindungen, Zimtsäure, Zinksalze, Salze und Verbindungen der vorbezeichneten Säuren sowie der schwefligen Säure (Sulfite, Metasulfite und dergleichen)

dürfen bei der Herstellung der im § 10 des Gesetzes bezeichneten dem Weine ähnlichen Getränke, von weinhaltigen Getränken, deren Bezeichnung die Verwendung von Wein andeutet, von Schaumwein oder von Kognak nicht verwendet werden.

Zu § 13.

Traubenmaische, Traubenmost oder Wein ausländischen Ursprunges, die den Vorschriften des § 4 des Gesetzes nicht entsprechen, werden zum Verkehre zugelassen, wenn sie den für den Verkehr innerhalb des Ursprungslandes geltenden Vorschriften genügen.

Vom Verkehr ausgeschlossen bleiben jedoch:

a) roter Wein, mit Ausnahme von Dessertwein, desgleichen Traubenmost oder Traubenmaische zu rotem Weine, deren Gehalt an Schwefelsäure in einem Liter Flüssigkeit mehr beträgt, als zwei Gramm neutralen schwefelsauren Kaliums entspricht;

b) Traubenmaische, Traubenmost oder Weine, die einen Zusatz von Alkalikarbonaten (Pottasche oder dergleichen), von organischen Säuren oder deren Salzen (Weinsäure, Zitronensäure, Weinstein, neutrales weinsaures Kalium oder dergleichen) oder eines der in den Bestimmungen zu § 10 des Gesetzes genannten Stoffe erhalten haben.

Zu § 14.

Traubenmaische, Traubenmost oder Wein dürfen nur über bestimmte Zollämter eingeführt werden. Der Bundesrat bezeichnet die Ämter sowie diejenigen Zollstellen, bei welchen die Untersuchung von Traubenmaische, Traubenmost oder Wein stattfinden kann.

Die aus dem Ausland eingehenden Sendungen unterliegen bei der Einfuhr einer amtlichen Untersuchung unter Mitwirkung der Zollbehörden. Die Kosten der Untersuchung einschließlich der Versendung der Proben hat der Verfügungsberechtigte zu tragen.

Die Untersuchung ist staatlichen Fachanstalten oder besonders hierzu verpflichteten geprüften Nahrungsmittelchemikern zu übertragen. Ausnahmsweise kann sie auch anderen Personen übertragen werden, welche genügend Kenntnisse und Erfahrung besitzen.

Bei der Untersuchung ist nach der Anweisung des Bundesrats zur chemischen Untersuchung des Weines zu verfahren; der Umfang der Untersuchung bleibt dem Ermessen des untersuchenden Sachverständigen überlassen.

Das Ergebnis der Untersuchung ist der Zollstelle alsbald schriftlich mitzuteilen. Die etwaige Beanstandung ist ausführlich zu begründen.

Soweit die Sendung beanstandet wird, ist sie durch die Zollbehörde von der Einfuhr zurückzuweisen. Dem Verfügungsberechtigten, der unter Angabe des Grundes alsbald zu benachrichtigen ist, steht frei, innerhalb dreier Tage nach Empfang der Nachricht bei der die Zurückweisung verfügenden Zollstelle die Entscheidung einer von der Landesregierung hierfür zu bezeichnenden höheren Verwaltungsbehörde zu beantragen. Diese Behörde entscheidet endgültig.

Von der Untersuchung befreit sind:

a) Packstücke im Einzelrohgewichte von nicht mehr als 5 Kilogramm;

b) Mengen von nicht mehr als 10 Kilogramm Rohgewicht, die im kleinen Grenzverkehr eingehen;

c) zur Verpflegung von Reisenden, Fuhrleuten oder Schiffern während der Reise mitgeführte Mengen;
d) Erzeugnisse, die als Umzugsgut eingehen und nicht zum gewerbsmäßigen Absatze bestimmt sind;
e) zur unmittelbaren Durchfuhr bestimmte Sendungen.

Die Untersuchung kann unterbleiben, wenn die Einfuhrfähigkeit einer Sendung durch das Zeugnis einer wissenschaftlichen Anstalt des Ursprungslandes nachgewiesen wird, deren Berechtigung zur Ausstellung solcher Zeugnisse durch den Reichskanzler anerkannt ist.

Auch ohne solches Zeugnis kann ausnahmsweise bei hochwertigem Weine in Flaschen mit Genehmigung der von der Landeszentralbehörde bestimmten Behörde von der Untersuchung abgesehen werden, wenn die Beibringung des Zeugnisses aus Gründen, die nicht in der Beschaffenheit der Ware liegen, untunlich ist und die Einfuhrfähigkeit auf andere Weise glaubhaft gemacht wird.

Im übrigen wird das Verfahren bei der Einfuhr durch die Weinzollordnung geregelt.

Zu § 17.

Schaumwein und ihm ähnliche Getränke, die gewerbsmäßig verkauft oder feilgehalten werden, sind wie folgt, zu kennzeichnen:

a) Bei Schaumwein muß das Land, in dem der Wein auf Flaschen gefüllt ist, in der Weise kenntlich gemacht werden, daß auf den Flaschen die Bezeichnung

In Deutschland auf Flaschen gefüllt,
In Frankreich auf Flaschen gefüllt,
In Luxemburg auf Flaschen gefüllt

usw. angebracht wird; ist der Schaumwein in demjenigen Lande, in welchem er auf Flaschen gefüllt wurde, auch fertiggestellt, so kann an Stelle jener Bezeichnung die Bezeichnung

Deutscher (Französischer, Luxemburgischer usw.) Schaumwein
oder
Deutsches (Französisches, Luxemburgisches usw.) Erzeugnis

treten.

b) Bei Schaumwein, dessen Kohlensäuregehalt ganz oder teilweise auf einem Zusatze fertiger Kohlensäure beruht, sind der unter a vorgeschriebenen Bezeichnung die Worte

Mit Zusatz von Kohlensäure

hinzuzufügen.

c) Bei den dem Schaumwein ähnlichen Getränken sind die zur Herstellung verwendeten, dem Weine ähnlichen Getränke in der Weise kenntlich zu machen, daß auf den Flaschen in Verbindung mit dem Worte Schaumwein eine die benutzte Fruchtart erkennbar machende Bezeichnung, wie Apfel-Schaumwein, Johannisbeer-Schaumwein, angebracht wird.

An Stelle dieser Bezeichnungen können die Worte Frucht-Schaumwein, Obst-Schaumwein, Beeren-Schaumwein treten.

d) Die unter a, b, c vorgeschriebenen Bezeichnungen müssen in schwarzer Farbe auf weißem Grunde, deutlich und nicht verwischbar auf einem bandförmigen Streifen in lateinischer Schrift aufgedruckt sein. Die Schriftzeichen auf dem Streifen müssen bei Flaschen, welche einen Raumgehalt von 425 oder mehr Kubikzentimeter haben, mindestens 0,5 Zentimeter hoch und so breit sein, daß im Durchschnitte je 10 Buchstaben eine Fläche von mindestens 3,5 Zentimeter Länge einnehmen. Die Inschrift darf, falls sie einen Streifen von mehr als 10 Zentimeter Länge beanspruchen würde, auf zwei Zeilen verteilt werden. Die Worte „Mit Zusatz von Kohlensäure" sind stets auf die zweite Zeile zu setzen. Der Streifen, der eine weitere Inschrift nicht tragen darf, ist an einer in die Augen fallenden Stelle der Flasche, und zwar gegebenenfalls zwischen dem den Flaschenkopf bedeckenden Überzug und der die Bezeichnung der Firma und der Weinsorte enthaltenden Inschrift dauerhaft zu befestigen. Wird der Streifen im Zusammenhange mit dieser oder einer anderen Inschrift hergestellt, so ist er gegen diese mindestens durch einen 1 Millimeter breiten Strich deutlich abzugrenzen.

Zu § 18.

Kognak, der in Flaschen gewerbsmäßig verkauft oder feilgehalten wird, ist nach dem Lande, in dem er fertiggestellt ist, als

Deutscher, Französischer usw. Kognak (Cognac)

zu bezeichnen.

Hat im Auslande hergestellter Kognak in Deutschland lediglich einen Zusatz von destilliertem Wasser erhalten, um unbeschadet der Vorschrift des § 18 Abs. 3 des Gesetzes den Alkoholgehalt auf die übliche Trinkstärke herabzusetzen, so ist er als

Französischer usw. Kognak (Cognac) in Deutschland fertiggestellt

zu bezeichnen.

Die Bezeichnung muß in schwarzer Farbe auf weißem Grunde deutlich und nicht verwischbar auf einem bandförmigen Streifen in lateinischer Schrift aufgedruckt sein. Die Schriftzeichen müssen bei Flaschen, welche einen Raumgehalt von 350 Kubikzentimeter oder mehr haben, mindestens 0,5 Zentimeter hoch und so breit sein, daß im Durchschnitte je 10 Buchstaben eine Fläche von mindestens 3,5 Zentimeter Länge einnehmen. Die Inschrift darf, falls sie einen Streifen von mehr als 10 Zentimeter Länge beanspruchen würde, auf zwei Zeilen verteilt werden. Der Streifen, der eine weitere Inschrift nicht tragen darf, ist an einer in die Augen fallenden Stelle der Flasche, und zwar gegebenenfalls zwischen dem den Flaschenkopf bedeckenden Überzug und der die Bezeichnung der Firma enthaltenden Inschrift dauerhaft zu befestigen. Wird der Streifen im Zusammenhange mit dieser oder einer anderen Inschrift hergestellt, so ist er gegen diese mindestens durch einen 1 Millimeter breiten Strich deutlich abzugrenzen.

Zu § 19.

Wer durch § 19 des Gesetzes verpflichtet ist, Bücher zu führen, hat sich hierbei sowie bei allen mit der Buchführung zusammenhängenden Aufzeichnungen der deutschen Sprache zu bedienen. Die Landeszentralbehörde kann die Verwendung einer anderen Sprache gestatten.

Die Bücher müssen gebunden und Blatt für Blatt oder Seite für Seite mit fortlaufenden Zahlen versehen sein. Die Zahl der Blätter oder Seiten ist vor Beginn des Gebrauchs auf der ersten Seite des Buches anzugeben. Ein Blatt aus dem Buche zu entfernen ist verboten.

An Stellen, die der Regel nach zu beschreiben sind, dürfen keine leeren Zwischenräume gelassen werden. Der ursprüngliche Inhalt einer Eintragung darf nicht mittels Durchstreichens oder auf andere Weise unleserlich gemacht, es darf nichts radiert, auch dürfen solche Veränderungen nicht vorgenommen werden, deren Beschaffenheit es ungewiß läßt, ob sie bei der ursprünglichen Eintragung oder erst später gemacht worden sind.

Die Bücher und Belege sind sorgfältig aufzubewahren und auf Verlangen jederzeit den nach § 21 des Gesetzes zur Kontrolle berechtigten Beamten oder Sachverständigen vorzulegen. Sind die Geschäftsräume von den Kellereien oder sonstigen Lagerräumen getrennt, so sind die Bücher auf Verlangen auch in den zu kontrollierenden Räumen vorzulegen.

Anlagen 3 bis 9.

Im einzelnen ist den Vorschriften des Gesetzes nach den den Mustern A bis G beigefügten Anweisungen mit folgender Maßgabe zu genügen:

Es haben Buch zu führen:

a) Winzer, die in der Hauptsache eigenes Gewächs in den Verkehr bringen, auch wenn sie nach Erfordernis im Inlande gewonnene Trauben oder Traubenmaische zum Keltern zukaufen, nach Muster A.

Winzer, die im Durchschnitte der Jahre bei einer Ernte mehr als 30 000 Liter Traubenmost einlegen, daneben auch nach Muster C oder D, jedoch jedenfalls nach Muster C, wenn sie mehr als 10 000 Liter Traubenmost oder Wein einer Ernte zuckern;

b) Schankwirte, die ausschließlich für den eigenen Bedarf oder Ausschank im Inlande gewonnene Trauben keltern, auch wenn sie nicht zu den Winzern gehören, sofern die im Durchschnitte der Jahre hergestellte Menge 3000 Liter nicht übersteigt, nach Muster A;

c) Schankwirte, Lebensmittelhändler, Krämer und sonstige Kleinverkäufer, die Traubenmost oder

Wein nur in fertigem Zustande beziehen und unverändert wieder abgeben, nach Muster F;

d) Geschäftsvermittler über die von ihnen vermittelten Geschäfte nach Muster E.

Geschäftsvermittler, die für Rechnung ihrer Auftraggeber Traubenmaische, Traubenmost oder Wein einlegen oder behandeln, haben hierüber in gleicher Weise wie über eigene Geschäfte Buch zu führen;

e) Weinhändler, Winzergenossenschaften oder andere Gesellschaften, auch wenn sie nur die Erzeugnisse ihrer Mitglieder verwerten, endlich alle übrigen zur Buchführung Verpflichteten, soweit nicht die Vorschriften unter a bis d etwas anderes ergeben, nach Muster B und daneben nach Muster C oder D, jedenfalls jedoch nach Muster C, wenn sie Traubenmaische, Traubenmost oder Wein zuckern;

f) alle zur Buchführung Verpflichteten über den Bezug und die Verwendung von Zucker oder anderen für die Kellerbehandlung des Weines oder zur Herstellung von Haustrunk bestimmten Stoffen (§ 19 Abs. 1 Nr. 2 des Gesetzes) nach Muster G.

Die bei dem Inkrafttreten des Gesetzes vorhandenen Bestände sind längstens bis zum 1. Oktober 1909 in den Büchern vorzutragen. Mit Rücksicht auf die Vorschrift des § 34 Abs. 3 des Gesetzes ist bei Getränken, soweit sich dies nicht aus dem Ein=

trag ohne weiteres ergibt, in der Spalte für Bemerkungen anzugeben, wann sie hergestellt sind.

Den zur Buchführung Verpflichteten ist gestattet, nach Bedarf ihrer Betriebe die Bücher auch zu anderen, in dem Vordrucke der Muster nicht vorgesehenen geschäftlichen Aufzeichnungen zu benutzen und den Vordruck entsprechend zu ergänzen, soweit es unbeschadet der Übersichtlichkeit geschehen kann.

Für Lager unter Zollverschluß ersetzt die von der Zollbehörde angeordnete und überwachte Buchführung die Buchführung nach Muster B, C, D.

Die Verwendung der Muster A bis G darf außerdem unterbleiben, wenn die vorgeschriebenen Angaben in Bücher anderer Form eingetragen werden, die nach den Grundsätzen ordnungsmäßiger Buchführung geführt werden, doch sind die Muster zu verwenden, wenn die von der Landeszentralbehörde hierfür bestimmte Behörde festgestellt hat, daß die geführten Bücher keine genügende Übersicht gewähren. Die Behörde entscheidet hierüber auf Anrufen des Betriebsinhabers oder des nach § 21 Abs. 2 des Gesetzes zur Kontrolle bestellten Sachverständigen endgültig.

Berlin, den 9. Juli 1909.

Der Reichskanzler.

In Vertretung:

von Bethmann Hollweg.

Anlage 1.

Muster 1.
Zu § 8 Abs. 4.

Zuckerungsanzeige für Traubenmaische, Most oder Wein neuer Ernte.

Tag der Anzeige-erstattung	Des Anzeigepflichtigen		Es soll gezuckert werden		Die Räume, in denen gezuckert werden soll, befinden sich (Ort, Straße, Hausnummer)
	Zu- und Vorname, Beruf	Wohnort, Wohnung	eigenes Gewächs	fremdes Gewächs	
1	2	3	4	5	6
0. 10. 1909	*Nikolaus Schmitz, Winzer*	*Eheim, Hauptstraße 16*	*ja*	—	*Eheim, Hauptstraße 16*

gez. *Nikolaus Schmitz.*

Anlage 2.

Muster 2.
Zu § 3 Abs. 4.

Zuckerungsanzeige für Wein früherer Jahre.*)

Tag der Anzeige-erstattung	Des Anzeigepflichtigen		Es soll gezuckert werden		Der Wein ist		Die Zuckerung soll erfolgen	
	Zu- und Vorname, Stand, Beruf	Wohnort, Wohnung	Menge	Bezeichnung des Weines nach Jahrgang, Herkunft, Sorte	eigenes Gewächs	fremdes Gewächs	Wann?	Wo? (Ort, Straße, Hausnummer)
1	2	3	4	5	6	7	8	9
16. 11. 1909	*Heinrich Leonhardt, Weinhändler*	*Colmar i. E. Vogesenstraße 19*	*5000 l*	*1908er Rappoltsweiler Riesling*	—	*ja*	*26. 11. 1909*	*Rufach i. E. Haus No. 101*

gez. *Heinrich Leonhardt.*

*) Die Zuckerung darf nur bei ungezuckerten Weinen früherer Jahrgänge nachgeholt werden (§ 3 Abs. 2 des Gesetzes).

Anmerkung. Die in *Kursivschrift* gedruckten Eintragungen stellen Beispiele für die handschriftlich vorzunehmende Ausfüllung der Listen dar.

Muster A. **Anlage 3.**

[Seite 1]

Kellerbuch.

Gültig für die Kellerräume zu

Name des Besitzers

Anweisung für die Eintragungen.

1. Bei der Anlage des Buches sind die vorhandenen Bestände unter „Eingang" nach Sorten hintereinander einzutragen. Diese Eintragungen sind von den nachfolgenden Eintragungen durch einen Querstrich zu trennen.
2. Die Eintragungen sind spätestens 8 Tage nach dem Ein- oder Ausgange zu bewirken, jedoch genügt für den Verbrauch im eigenen Haushalt oder eigenen Ausschanke monatliche Eintragung. Wird Wein vom Fasse verzapft, so genügt es, wenn der Ausgang des ganzen Fasses auf den Tag des Anstichs gebucht und der Tag der Leerung in Spalte 16 angegeben wird.
3. In jedem Jahre ist das Buch einmal abzuschließen. Der Abschluß ist unter Angabe des Tages zu unterschreiben.

4. Mit dem Abschlusse des Buches ist eine Bestandsaufnahme zu verbinden. Die Bestände sind wie bei Anlage des Buches als „Eingang“ neu einzutragen.

5. In den Spalten 4, 5, 12 und 14 genügt die Angabe der Menge in runden Zahlen; auch ist es zulässig, die Menge in ortsüblichem Maße (Stück, Halbstück, Fuder, Logel usw.) anzugeben.

6. Wird Traubenmaische gleich nach der Einlagerung abgepreßt, so genügt in Spalte 4 die Angabe der gewonnenen Mostmenge.

7. Bei jeder Zuckerung, auch zur Herstellung des Haustrunkes, ist in Spalte 2 einzutragen, ob Zuckerwasser oder welche Art trockenen Zuckers zugesetzt wird. Erfolgt die Zuckerung kurz nach Einlagerung eines Erzeugnisses, so ist sie unmittelbar unter der Eintragung desselben zu buchen und das Erzeugnis in Spalte 8 als „gezuckert“ zu bezeichnen; erfolgt die Zuckerung erst später, so ist das Erzeugnis zunächst als „ungezuckert“ zu bezeichnen und der Zuckerungsvorgang besonders einzutragen. Unter die ursprüngliche Angabe „ungezuckert“ ist alsdann zu setzen „nachträglich gezuckert“.

8. Abgänge an Hefe oder Trub sind als Ausgang zu buchen.

[Seite 2]

Ein-

Tag des Einganges	Herkunft und Sorte (Erntejahr, Gemarkung, Weinbergslage, Farbe, Bezugsfirma) sowie Tag des Geschäftsabschlusses	Größe der abgeernteten Weinbergsflächen (Hektar, Ar)
1	2	3
1909		
1. 10.	*Bestandsaufnahme:*	
	1908er Bodenheimer Spiegelberg, weiß	
	„ Bodenheimer Verschnitt Hölle-Hochberg, weiß	
	1905er Niersteiner Rehbach, weiß	
	Haustrunk	
	Apfelwein (Hartmann, Frankfurt a. M.)	
1. 10.	*1909er Bodenheim, Spiegelberg, weiß*	*75 Ar*
1. 10.	*Zuckerwasser*	
5. 10.	*„ Bodenheim, Hölle, weiß*	*68 Ar*
5. 10.	*Zuckerwasser*	
5. 10.	*„ Bodenheim, Hochberg, weiß, Trauben*	*15 Ar*
10. 10.	*Apfelwein (Hartmann, Frankfurt a. M. 3 10. 09)*	
15. 10.	*1909er Bodenheim, Kreuzweg, weiß*	*16 Ar*
	„ Bodenheim, Kieselberg, weiß	*15 Ar*
18. 10.	*„ Bodenheim, Kapellenweg, weiß*	*79 Ar*
18. 12.	*Weißer Kandiszucker*	

Anmerkung. Die in *Kursivschrift* gedruckten Eintragungen stellen

gang

Menge			Lagerbezeichnung Faß Nr. oder Wein Nr.	Bemerkungen, insbesondere ob Wein, Most oder Maische gezuckert oder ungezuckert
Maische Most, Wein (Liter, Flaschen) Trauben (Kilogramm)	Haustrunk und sonstige weinähnliche Getränke (Liter oder Flaschen)	Zucker (Kilogramm) in Zuckerwasser (Liter)		
4	5	6	7	8
1000 l			*Hofkeller 1, 2, 3*	*gezuckert*
500 l			*,, 4*	*ungezuckert*
20¹/₁ Fl.				
	300 l		*Straßenkeller 6*	
	150 l		*,, 130*	
2500 l			*Hofkeller 9*	} *gezuckert*
		100kg in 300 l	*,, 9*	
2000 l			*,, (8) 10*	} *ungezuckert*
		75 kg in 400 l	*,, (8) 10*	
600 kg				
	500 l			
} *800 l*			*Straßenkeller 15*	{ *ungezuckert, nachträglich gezuckert*
2000 l			*,, 18*	*ungezuckert*
		30 kg	*,, 15*	

Beispiele für die handschriftlich vorzunehmende Ausfüllung des Formulars dar.

[Seite 3]

Aus-

Tag des Ausganges	Herkunft und Sorte (Erntejahr, Gemarkung, Weinbergslage, Farbe)	Art des Ausganges (Name und Wohnort des Abnehmers, eigener Verbrauch u. dgl.) sowie Tag des Geschäftsabschlusses
9	10	11
1909		
5. 10.	*1908er Bodenheimer Spiegelberg, weiß*	*Verkauf an Richard Meyer, Münster a. Stein (1. 10. 09)*
6. 10.	*1909er Bodenheimer Hochberg, weiß, Trauben*	*Verkauf an W. Klinger, Bodenheim (25. 9. 09)*
10. 10.	*1908er Bodenheimer Verschnitt Hölle-Hochberg, weiß*	*Unentgeltlich abgegeben an Kurt Schmitt, Kreuznach*
1. 11.	*Haustrunkverbrauch Oktober 1909*	*Eigener Verbrauch*
27. 12.	*Abgang durch Hefe*	
30. 12.	*1908er Bodenheimer Spiegelberg, weiß*	*In Zapf genommen*

Anmerkung. Die in *Kursivschrift* gedruckten Eintragungen stellen

gang

Menge			Lager-bezeichnung Faß Nr. oder Wein Nr.	Bemerkungen, insbesondere ob Wein, Most oder Maische gezuckert oder ungezuckert
Maische Most, Wein (Liter) Trauben (Kilogramm)	Wein in Flaschen (Zahl)	Haustrunk und sonstige weinähnliche Getränke (Liter oder Flaschen)		
12	13	14	15	16
500 l			*Hofkeller 3*	*gezuckert*
600 kg				
500 l			*„ 4*	*ungezuckert*
		etwa 60 l	*Straßenkeller 6*	
50 l			*Hofkeller 10*	
100 l			*„ 1*	*gezuckert geleert 30. 1. 10.*

Beispiele für die handschriftlich vorzunehmende Ausfüllung des Formulars dar.

Muster B. **Anlage 4.**

[Seite 1]

Kellerbuch.

Gültig für die Kellerräume zu

Name des Besitzers

Anweisung für die Eintragungen.

1. Bei der Anlage des Buches sind die vorhandenen Bestände unter „Eingang" nach Sorten hintereinander einzutragen, wobei der Inhalt eines jeden Fasses — bei Führung des Buches D jede Weinnummer — und jede Flaschenweinsorte einzeln aufzuführen sind. Die Eintragung der Flaschenweine darf unter der Voraussetzung summarisch erfolgen, daß der Bestand an einzelnen Sorten aus anderen Büchern genau zu ersehen ist.

2. Die Eintragungen sind spätestens 8 Tage nach dem Ein- oder Ausgange zu bewirken, jedoch genügt für den Verbrauch im eigenen Haushalt oder eigenen Ausschanke monatliche Eintragung. Wird Wein vom Fasse verzapft, so genügt es, wenn der Ausgang des ganzen Fasses auf den Tag des Anstichs gebucht und der Tag der Leerung in Spalte 25 angegeben wird.

   Werden Nebenbücher (Expeditionsbücher usw.) ordnungsmäßig geführt, so genügt es, wenn die Eintragungen in dieses Buch unter Hinweis auf die Nebenbücher spätestens bis zum 10. Tage des auf den Geschäftsvorgang folgenden Monats erfolgen.

3. In jedem Jahre ist das Buch einmal abzuschließen. Der Abschluß ist unter Angabe des Tages zu unterschreiben.
4. Mit dem Abschlusse des Buches ist eine Bestandsaufnahme zu verbinden. Die Bestände sind wie bei Anlage des Buches als „Eingang" neu einzutragen.
5. Wird Traubenmaische gleich nach der Einlagerung abgepreßt, so genügt in Spalte 5 die Angabe der gewonnenen Mostmenge.
6. Bei jeder Zuckerung, auch zur Herstellung des Haustrunkes, ist in Spalte 2 einzutragen, ob Zuckerwasser oder welche Art trockenen Zuckers zugesetzt wird. Erfolgt die Zuckerung kurz nach Einlagerung eines Erzeugnisses, so ist sie unmittelbar unter der Eintragung desselben zu buchen und das Erzeugnis in Spalte 8 als „gezuckert" zu bezeichnen; erfolgt die Zuckerung erst später, so ist das Erzeugnis zunächst als „ungezuckert" zu bezeichnen und der Zuckerungsvorgang besonders einzutragen. Unter die ursprüngliche Angabe „ungezuckert" ist alsdann zu setzen „nachträglich gezuckert".
7. In den Spalten 12 und 24 sind je nach Benutzung des Buches C oder D entweder die Nummern der Lagerfässer oder die Weinnummern, unter denen die Erzeugnisse geführt werden, einzutragen.
8. Bei Benutzung des Buches D darf an Stelle der Herkunftsangabe in Spalte 15 die betreffende Weinnummer angegeben werden.
9. Jeder Eingang von gleichem Weine in Flaschen ist mit einer Flaschenlagernummer zu versehen, die in Spalte 12 zu verzeichnen ist. Unter dieser Nummer ist der Wein in ein Flaschenlagerbuch einzutragen. Aus diesem Buche müssen die Ausgänge der einzelnen Sorten ersichtlich sein.
10. Es ist gestattet, die Ausgänge in Flaschen während eines Monats nicht nach Sorten getrennt, sondern summarisch einzutragen. In diesem Falle muß Spalte 25 einen Hinweis auf das Flaschenlager- oder Flaschenverkaufsbuch enthalten, aus welchem die einzelnen Weinsorten, die abgegebenen Mengen und bei Abgabe in Mengen von mehr als einem Hektoliter im einzelnen Falle auch die Abnehmer zu ersehen sind.
11. Wird Faßwein auf Flaschen gefüllt, so ist der Wein in Ausgang — die Menge in Litern — zu bringen und die Anzahl der Flaschen als neuer Eingang einzutragen.
12. Abgänge an Hefe oder Trub sind als Ausgang zu buchen.

[Seite 2]

Ein-

Tag des Einganges	Herkunft und Sorte (Erntejahr, Gemarkung, Weinbergslage, Farbe, Bezugsfirma) sowie Tag des Geschäftsabschlusses	Größe der abgeernteten Weinbergsflächen (Hektar, Ar)	Maische (Liter) Trauben (Kilogramm)	Wein, Most in Fässern (Liter)	Wein, Most in Flaschen 1/1 Fl.	Wein, Most in Flaschen 1/2 Fl.
1	2	3	4	5	6	7
1909						
2. 10.	*Nackenheimer, Verschnitt versch. Lagen, 1904/1905, weiß (F. Lange, Mainz, 28. 9. 09)*			*5000 l*		
3. 10.	*Dienheimer 1908, Verschnitt, versch. Lagen, weiß (C. Simon, Dienheim, 27. 9. 09)*			*1700 l*		
3. 10.	*Zuckerwasser*					
31. 10.	*Niersteiner 1909, eigenes Gewächs, Verschnitt versch. Lagen, weiß*	*62 Ar*		*1600 l*		
31. 10.	*Zuckerwasser*					
30. 11.	*Flaschenfüllung, Nackenheimer, Verschnitt versch. Lagen, 1904/1905, weiß (F. Lange, Mainz)*				*546*	
5. 12.	*Apfelwein (S. Herz, Frankfurt a. M., 20. 11. 09)*					

Anmerkung. Die in *Kursivschrift* gedruckten Eintragungen stellen

gang

Angabe, ob gezuckert oder ungezuckert	Haustrunk (Liter)	Sonstige weinähnliche Getränke (Liter oder Flaschen)	Zucker (Kilogramm) Zuckerwasser (Liter)	Lagerbezeichnung Faß Nr. oder Wein Nr.	Bemerkungen
8	9	10	11	12	13
gez.				*Hauskeller 12*	
gez.				*Hauskeller 10*	
			300 l	*Hauskeller 10*	
gez.				*Postkeller 18*	
			200 l	*Postkeller 18*	
gez.				*Hofkeller 115*	
		1000 l		*Hofkeller 29*	

Beispiele für die handschriftlich vorzunehmende Ausfüllung des Formulars dar.

[Seite 3] **Aus-**

Tag des Ausganges	Herkunft und Sorte (Erntejahr, Gemarkung Weinbergslage, Farbe)	Art des Ausganges (Name und Wohnort des Abnehmers, eigener Verbrauch, Flaschenfüllung und dgl. sowie Tag des Geschäftsabschlusses	Maische (Liter) Trauben (Kilogramm)
14	15	16	17
1909			
30. 11.	*Nackenheimer, Verschnitt versch. Lagen, 1904/1905, weiß (F. Lange Mainz)*	*Auf Flaschen gefüllt*	
2. 12.	*Oppenheimer 1907, Verschnitt versch. Lagen, weiß*	*Versand an H. Werner, Mainz (15. 11. 09)*	
15. 12.	*Dienheimer, Kapellenberg 1907, weiß*	*desgl. an Julius Krause, Berlin (1 12. 09)*	
15. 12.	*Walporzheimer, Kreuzweg 1906, rot*	*desgl.*	

Anmerkung. Die in *Kursivschrift* gedruckten Eintragungen stellen

gang

Wein, Most			Angabe, ob gezuckert oder ungezuckert	Haustrunk (Liter)	Sonstige weinähnliche Getränke (Liter oder Flaschen)	Lagerbezeichnung Faß Nr. oder Wein Nr.	Bemerkungen
in Fässern (Liter)	in Flaschen						
	$^1/_1$ Fl.	$^1/_2$ Fl.					
18	19	20	21	22	23	24	25
410 l			*gez.*			*Hauskeller 12*	*Flaschenlager Nr. 115*
1000 l			*gez.*			*Hauskeller 15*	
8500 l	*500*		*ungez.*			*Hauskeller 2*	*Flaschenlager Nr. 109*
		180	*ungez.*			*Hauskeller Flaschenlager 16*	

Beispiele für die handschriftlich vorzunehmende Ausfüllung des Formulars dar.

Muster C. **Anlage 5.**

[Seite 1]

Faßlagerbuch.

Gültig für die Kellerräume zu

Name des Besitzers

Anweisung für die Eintragungen.

1. Bei der Anlage des Buches ist der Inhalt eines jeden Fasses genau zu bezeichnen und einzutragen (Spalten 1 bis 6).
2. Alle Eintragungen sind spätestens 8 Tage nach dem Ein- oder Ausgange vorzunehmen.
3. Bei ausgedehnten Kellereien ist gestattet, für jede Kellerabteilung ein besonderes Buch anzulegen.
4. Haustrunk, weinähnliche Getränke oder sonstige Flüssigkeiten sind im Faßlagerbuche nicht nachzuweisen.

5. Ist ein Faß völlig geleert worden, so ist ein Strich unter Ein- und Ausgang zu ziehen. Die Eintragungen der neuen Füllung können bei hinreichendem Platze unterhalb des Trennungsstrichs vorgenommen werden, andernfalls ist eine neue Seite zu verwenden.

6. Entstammt der eingefüllte Wein einem anderen Fasse, so ist in Spalte 2 neben den dort vorgesehenen Eintragungen zu vermerken „aus Faß Nr. . . .".

7. In Spalte 11 können Hinweise auf die Eintragungen im Kellerbuche (Muster A oder B) vermerkt werden.

Lager-Abteilung Nr. *3*

[Seite 2]

Lagerfaß
Raumgehalt

Eingang

Tag des Einganges	Herkunft (Gemarkung, Weinbergslage, Traubensorte, Bezugsfirma)	Jahrgang	Farbe des Weines (weiß, rot oder Schiller)	Angabe, ob gezuckert oder nicht gezuckert	Menge in Litern	Zuckerzusatz (trocken oder in Wasser gelöst) Kilogramm in Litern
1	2	3	4	5	6	7
3. 10. 09	*Niersteiner Kehrweg (v. F. Friedrich, Nierstein)*	*1908*	*weiß*	*gez.*	*1900*	
10. 10. 09	*Oppenheimer Falkenberg (desgl.)*	*1908*	*desgl.*	*ungez.*	*5100*	
15. 11. 09	*Oppenheimer Verschnitt Hölle und Hinterweg (W. Steeg, Oppenheim) Aus Faß Nr. 508*	*1909*	*weiß*	*ungez.*	*5800*	
16. 11. 09	*Zuckerwasser*					*240 kg in 1000 l*

Nr. *510*
7000 **Liter.**

[Seite 3]

Ausgang

Tag des Ausganges	Menge in Litern	Angaben über Versand, Ab- und Umfüllung, Verschnitt, Kellerbehandlung und dgl.	Bemerkungen
8	9	10	11
1. 11. 09	*1000*	*in Versandfässer gefüllt, an R. Hansch, Bingen*	*Vgl. Buch B Fol. 113*
4. 11. 09	*800*	*auf Flaschen gefüllt (600 Flaschen, Lager Nr. 66)*	*Vgl. Buch B Fol. 114*
6. 11. 09	*5000*	*auf Versandfässer gefüllt, an M. Nacken, Mainz*	*Vgl. Buch B Fol. 116*
6. 11. 09	*50*	*umgefüllt in Lagerfaß 61 (zum Auffüllen)*	
6. 11. 09	*150*	*Verlust durch Trub, Schwund usw.*	
11. 2. 10	*6100*	*abgestochen in Lagerfaß 14*	
11. 2. 10	*400*	*abgestochen in Lagerfaß 31*	
11. 2. 10	*300*	*Verlust durch Hefe, Schwund usw.*	*Hefe in Faß 91 gefüllt*

Anmerkung. Die in *Kursivschrift* gedruckten Eintragungen stellen Beispiele für die handschriftlich vorzunehmende Ausfüllung des Formulars dar.

Muster D. **Anlage 6.**

[Seite 1]

Weinlagerbuch.

(Für Bezeichnung der Weine nach Wein-Nummern.)

Gültig für die Kellerräume zu ...

Name des Besitzers ...

Anweisung für die Eintragungen.

1. Bei der Anlage des Buches sind die Weinbestände nach Nummern einzutragen.
2. Alle Eintragungen sind spätestens 8 Tage nach dem Ein- oder Ausgange vorzunehmen. Werden Nebenbücher (Expeditionsbücher usw.) ordnungsmäßig geführt, so genügt es, wenn die Eintragungen in dieses Buch unter Hinweis auf die Nebenbücher je für einen Monat summarisch, spätestens bis zum 10. Tage des folgenden Monats erfolgen.

3. Bei ausgedehnten Kellereien ist gestattet, für jede besondere Kellerabteilung ein besonderes Buch anzulegen.

4. Unter einer Wein-Nummer darf nur der gleiche Wein eingetragen werden, wobei es gleichgültig ist, ob er in einem oder mehreren Gebinden lagert oder ganz oder teilweise auf Flaschen gefüllt ist.

5. Die Gesamtmenge des in mehreren Fässern eingehenden Weines ist in Spalte 6 zu buchen, die Anzahl der einzelnen Fässer in Spalte 7.

6. Werden unter verschiedenen Nummern geführte Weine ihrer ganzen Menge nach oder nur teilweise miteinander verschnitten, so ist der Verschnitt unter einer neuen Nummer zu führen, die einen Hinweis auf die alten Nummern enthalten muß.

7. Bei Flaschenfüllungen ist der Wein — die Menge in Litern — in Ausgang zu bringen und die Flaschenzahl unter Eingang neu einzutragen.

8. In Spalte 10 und 16 können Hinweise auf die Eintragungen im Kellerbuche (Muster A oder B) vermerkt werden.

9. In jedem Jahre ist das Buch einmal abzuschließen. Die vorhandenen Bestände sind unter Eingang vorzutragen.

Wein-
Bordeaux-

[Seite 2]

Eingang

Tag des Einganges	Herkunft (Gemarkung, Weinbergslage, Traubensorte, Bezugsfirma)	Jahrgang	Farbe des Weines (weiß, rot oder Schiller)	Angabe, ob gezuckert oder nicht gezuckert	Gesamtmenge in Litern oder Gebindeeinheiten	Anzahl der Gebinde	Flaschenzahl		Bemerkungen
							1/1 Fl.	1/2 Fl.	
1	2	3	4	5	6	7	8	9	10
18. 3. 09	*Bordeaux Pomerol v. Fred. Beauvite, Bordeaux (100 Oxhoft)*	*1905*	*rot*	*ungez.*	*22500 l*	*100 Oxhoft*			*Lagerkeller B*
30. 5. 09	*desgl. Flaschenfüllung*	*1905*	*rot*	*ungez.*			*1170*	*573*	*Flaschenkeller 3, Abt. 13*

Nummer *131.* [Seite 3]

Pomerol.

Ausgang

Tag des Ausganges	Menge in: Litern oder Gebindeeinheiten	Menge in: Flaschen ¹/₁ Fl.	Menge in: Flaschen ¹/₂ Fl.	Angaben über Versand, Ab- und Umfüllung, Verschnitt, Kellerbehandlung und dgl.	Bemerkungen
11	12	13	14	15	16
10. 4. 09	*150 l*			*durch Auffüllung verbraucht*	
30. 5. 09	*1125 l*			*auf Flaschen gefüllt*	
10. 6. 09	*900 l*			*versandt an E. Schmitz, Posen*	
13. 6. 09		*300*		*versandt an R. Körner, Potsdam*	*vgl. Flaschenversandbuch Fol. 116*

Anmerkung. Die in *Kursivschrift* gedruckten Eintragungen stellen Beispiele für die handschriftlich vorzunehmende Ausfüllung des Formulars dar.

Muster E. Anlage 7.

[Seite 1]

Buch für Geschäftsvermittler.

Name des Geschäftsinhabers

Anweisung für die Eintragungen.

1. In das Buch sind nur vermittelte Geschäfte einzutragen.
2. Bei der Anlage des Buches sind die angekauften, aber noch nicht abgelieferten Erzeugnisse in den Spalten 1 bis 9 einzeln einzutragen.
3. Alle Eintragungen haben spätestens 8 Tage nach jedem Geschäftsvorgange zu erfolgen.

4. Jeder Weinankauf ist mit einer besonderen Ankaufnummer zu bezeichnen, die in Spalte 2 und bei Ablieferung der Ware in Spalte 11 einzutragen ist.

5. In jedem Jahre ist das Buch einmal abzuschließen. Die angekauften, aber noch nicht abgelieferten Erzeugnisse sind für das folgende Betriebsjahr in den Spalten 1 bis 9 gesondert mit den früheren Ankaufnummern vorzutragen. Der Abschluß ist unter Angabe des Tages zu unterschreiben.

(Seite 2)

Ankauf

Tag des Ankaufs	Ankauf Nr.	Bezeichnung der Ware (Herkunft, Gemarkung, Lage, Jahrgang, Farbe des Weines u. dgl.)	Menge der Trauben, Maische, des Mostes oder Weines				Name und Wohnort des Verkäufers	Name und Wohnort des Käufers
			Ungezuckert		Gezuckert			
			Liter	Flaschen	Liter	Flaschen		
1	2	3	4	5	6	7	8	9
1909								
1. 12.	*16*	*1908er Oppenheimer, versch. Lagen, weiß*	*3600*				*J. Kirchner, Oppenheim*	*R. Kupfer, Mainz*
5. 12.	*17*	*1908er Niersteiner, versch. Lagen, weiß*			*50000*		*K. Gaul, Nierstein*	*F. Schwalb, Cochem*

[Seite 8]

Ablieferung

Tag der Ab-lieferung	Ankauf Nr.	Name und Wohnort des Empfängers	Menge der Trauben, Maische, des Mostes oder Weines				Bemerkungen
			Ungezuckert		Gezuckert		
			Liter	Flaschen	Liter	Flaschen	
10	11	12	13	14	15	16	17
1909							
15. 12.	*16*	*R. Kupfer, Mainz*	*3580*				
18. 2.	*17*	*F. Kahn, Leipzig im Namen des Käufers*			*19450*		
21. 12.	*17*	*F. Schwalb, Cochem*			*30215*		

Anmerkung. Die in *Kursivschrift* gedruckten Eintragungen stellen Beispiele für die handschriftlich vorzunehmende Ausfüllung des Formulars dar.

Muster F. **Anlage 8.**

[Seite 1]

Weinbuch

für

Schankwirte, Lebensmittelhändler, Krämer und sonstige Kleinverkäufer von Wein.

Gültig für die Keller- und Geschäftsräume zu ....

....

Name des Geschäftsinhabers ....

Anweisung für die Eintragungen.

1. Bei der Anlage des Buches sind die vorhandenen Mengen in den Spalten 2 bis 7, nach Sorten gesondert, einzutragen.
2. Bei Abgabe von Wein in Flaschen darf die Gesamtzahl der während eines Monats abgegebenen Flaschen, nach Weinsorten gesondert, summarisch eingetragen werden. Der Eintrag hat spätestens bis zum 10. Tage des folgenden Monats zu erfolgen.

3. Wird Wein vom Fasse verzapft, so ist der Ausgang des ganzen Fasses auf den Tag des Anstichs zu buchen und der Tag der Leerung in Spalte 15 anzugeben.

4. Alle übrigen Eintragungen sind spätestens 8 Tage nach dem Ein- oder Ausgange zu bewirken.

5. Wird Faßwein auf Flaschen gefüllt, so ist die Flaschenfüllung in Spalte 11, die Literzahl in Spalte 12 zu vermerken; die Zahl der Flaschen ist unter „Eingang" zu buchen.

6. Das Buch ist in jedem Jahre einmal abzuschließen. Die vorhandenen Vorräte sind unter „Eingang", nach Weinsorten gesondert, neu einzutragen.

[Seite 2]

Eingang

Tag des Einganges	Bezeichnung der Getränke	Bezugsfirma sowie Tag des Geschäftsabschlusses	Gezuckert oder nicht gezuckert	Menge Liter	Menge Flaschen 1/1	Menge Flaschen 1/2	Bemerkungen
1	2	3	4	5	6	7	8
1909							
9. 11.	*Trabener*	*H. Wagner, Coblenz (1. 11. 09)*	*gez.*			*25*	
9. 11.	*Zeltinger*		,,		*25*		
9. 11.	*Brauneberger*		,,		*25*		
9. 11.	*Ober-Emmeler*		,,		*25*		
9. 11.	*Caseler*		,,		*25*		
9. 11.	*Ohligsberger*		,,		*25*		
9. 11.	*Niersteiner*		,,		*25*		
1. 12.	*Rüdesheimer*	*W. Schilling, Mainz (15. 11. 09)*	,,	*250*			
20. 12.	,,	*Auf Flaschen gefüllt*	,,		*330*		
21. 12.	*Johannisbeerwein*	*S. Schröder-Erfurt (11. 12. 09)*	,,				
22. 12.	*Rheinpfälzer*	*K. Stark, Neustadt a. H. (13. 12. 09)*	,,	*50*			

[Seite 8]

Ausgang

Tag des Ausganges	Bezeichnung der Getränke	Art des Ausganges (ob verkauft, im Ausschank oder im eignen Haushalte verbraucht, auf Flaschen gefüllt usw.	Menge Liter	Menge Flaschen 1/1	Menge Flaschen 1/2	Bemerkungen
9	10	11	12	13	14	15
1909						
1. 12.	*Trabener (von H. Wagner, Coblenz)*	*Verkauft im Laden (Monat November 09)*			*12*	
	Brauneberger (von H. Wagner, Coblenz)			*13*		
	Niersteiner (von H. Wagner, Coblenz)			*16*		
20. 12.	*Rüdesheimer (W. Schilling, Mainz)*	*Auf Flaschen gefüllt*	*250*			
25. 12.	*Rheinpfälzer (K. Stark, Neustadt a. H.)*	*In Zapf genommen*	*50*			*Geleert 6. 1. 10.*

Anmerkung. Die in *Kursivschrift* gedruckten Eintragungen stellen Beispiele für die handschriftlich vorzunehmende Ausfüllung des Formulars dar.

Muster G. Anlage 9.

[Seite 1]

Kontrollbuch

für

die Verwendung von Zucker und anderen Stoffen bei der Zubereitung und weiteren Behandlung von Wein und Haustrunk.

Name des Geschäftsinhabers: ....

Anweisung für die Eintragungen.

1. Bei der Anlage des Buches sind die vorhandenen Bestände unter „Eingang“ — jeder Stoff auf einer besonderen Seite — einzutragen.
2. Alle Eintragungen sind spätestens 3 Tage nach dem Tage des Einganges oder Verbrauchs zu bewirken.
3. Die Menge der Stoffe ist in handelsüblicher Weise nach Stückzahl, Maß oder Gewicht einzutragen, die Menge des Zuckers in Kilogramm.

4. In Spalte 6 ist die Verwendung von Zucker und derjenigen Stoffe einzutragen, die zur Bereitung von Haustrunk (§ 11, Abs. 1 des Gesetzes) gedient haben. Es sind — für jeden Tag besonders — Verwendungsart und verwendete Menge genau anzugeben. Für andere Stoffe bedarf es einer solchen Eintragung nicht. In den Spalten 4 bis 6 sind auch diejenigen Mengen — unter Angabe des Empfängers — abzuschreiben, die an andere abgegeben werden.

5. Am 31. Dezember eines jeden Jahres ist das Buch abzuschließen. Die vorhandenen Vorräte sind unter „Eingang" neu einzutragen. Bei hinreichendem Platze können die neuen Eintragungen für den gleichen Stoff auf der gleichen Buchseite unterhalb eines Trennungsstriches vorgenommen werden, andernfalls ist eine neue Seite zu wählen.

[Seite 2]

1909/10.

Bezeichnung der Zuckerart: *Weißer Kandiszucker.*

Bezeichnung des zur Kellerbehandlung des Weines oder zur Herstellung von Haustrunk bestimmten Stoffes (außer Zucker):

Eingang			Abschreibung der verbrauchten Menge		
Tag des Einganges	Menge	Name und Wohnort des Verkäufers sowie Tag des Geschäftsabschlusses	Tag des Verbrauchs	Menge	Art der Verwendung
1	2	3	4	5	6
1. 9. 09	*880 kg*	*Bestand*	*2. 10. 09*	*260 kg*	*Zur Zuckerung von Most*
10. 9. 09	*2000 kg*	*Kahn & Co., Mainz (1. 9. 09)*	*5. 10. 09*	*250 kg*	*desgl.*
			8. 10. 09	*90 kg*	*Zur Haustrunkbereitung*
			5. 11. 09	*500 kg*	*Verkauft an W. Marx, Mühlheim*
			3. 12. 09	*300 kg*	*Zur Zuckerung von Wein*
			13. 12. 09	*400 kg*	*desgl.*

1909/10.

Bezeichnung der Zuckerart:
Bezeichnung des zur Kellerbehandlung des Weines oder zur Herstellung von Haustrunk bestimmten Stoffes (außer Zucker): *Weingelatine.*

Eingang			Abschreibung der verbrauchten Menge		
Tag des Einganges	Menge	Name und Wohnort des Verkäufers sowie Tag des Geschäftsabschlusses	Tag des Verbrauchs	Menge	Art der Verwendung
1	2	3	4	5	6
1. 9. 09	*10 kg*	*Bestand*			
1. 10. 09	*20 kg*	*G. Hennig, Neustadt (20. 9. 09)*			
		1910/11.			
1. 9. 10	*5 kg*	*Bestand*			

Anmerkung. Die in *Kursivschrift* gedruckten Eintragungen stellen Beispiele für die handschriftlich vorzunehmende Ausfüllung des Formulars dar.

Weinzollordnung.

Vom 17. Juli 1909.

(Zentralblatt für das Deutsche Reich S. 333.)

Der Bundesrat hat in seiner Sitzung vom 15. Juli d. J. beschlossen, der nachstehend abgedruckten Weinzollordnung mit Wirkung vom 1. September 1909 ab und mit der Maßgabe die Zustimmung zu erteilen, daß von diesem Zeitpunkt ab die Verschnittwein-Zollordnung und die Bestimmungen über die Überwachung des zur Kognakbereitung bestimmten Weines — Teil III Nr. 26 und 27 der Anleitung für die Zollabfertigung — außer Kraft treten.

Berlin, den 17. Juli 1909.

Der Reichskanzler.

In Vertretung: Wermuth.

Abschnitt I.

Vorschriften über die Mitwirkung der Zollbehörden bei der Untersuchung von Wein, Traubenmost und Traubenmaische auf die Einfuhrfähigkeit.

Einlaßstellen. **§ 1.**

(1) Die Einfuhr von Wein, Traubenmost und Traubenmaische darf nur über die Zollstellen der

vom Bundesrate bestimmten Orte erfolgen. Befinden sich an einem Orte mehrere Zollstellen, so bestimmt die oberste Landesfinanzbehörde, welche von diesen Zollstellen die Befugnisse ausüben.

(2) Die Einfuhrbeschränkung des Abs. 1 findet keine Anwendung auf die Fälle des § 4 Abs. 1 und der §§ 14 und 16.

§ 2. **Untersuchungsstellen.**

(1) Wein, Traubenmost und Traubenmaische, die in das Zollinland eingeführt werden, unterliegen einer amtlichen Untersuchung auf ihre Einfuhrfähigkeit unter Mitwirkung der Zollbehörden, auf deren Zuständigkeit der § 1 Abs. 1 entsprechende Anwendung findet.

(2) Die Untersuchung erfolgt durch die staatlichen Fachanstalten oder besonders verpflichteten Sachverständigen, die von den Landesbehörden hierfür bestellt sind.

§ 3. **Kosten der Untersuchung.**

Die Kosten der Untersuchung einschließlich der Versendung der Proben sind von dem Verfügungsberechtigten zu tragen.

§ 4.

Befreiungen von der Untersuchung.

(1) Von der Untersuchung befreit sind:

1. Packstücke im Einzelrohgewichte von nicht mehr als 5 Kilogramm;
2. Mengen von nicht mehr als 10 Kilogramm Rohgewicht, die im kleinen Grenzverkehr eingehen;

3. Erzeugnisse, die aus Zollausschlüssen eingehen, wenn nachgewiesen wird, daß ihre Einfuhrfähigkeit bereits dort amtlich festgestellt worden ist;
4. zur Verpflegung von Reisenden, Fuhrleuten oder Schiffern während der Reise mitgeführte Mengen;
5. Erzeugnisse, die als Umzugsgut eingehen und nicht zum gewerbsmäßigen Absatze bestimmt sind;
6. zur unmittelbaren Durchfuhr bestimmte Sendungen.

(2) Die unmittelbare Durchfuhr, welche im Zollpapier ausdrücklich zu beantragen ist, hat, soweit nicht § 54 des Vereinszollgesetzes und § 18 der Postzollordnung Anwendung finden, auf Begleitschein I oder Begleitzettel und unter zollamtlichem Verschluß, und zwar nach Möglichkeit unter Raumverschluß, zu erfolgen. An Stelle des Verschlusses kann zollamtliche Begleitung treten. Die über derartige Sendungen ausgestellten Begleitscheine oder Begleitzettel erhalten am oberen Rande der ersten Seite den mit Buntstift oder durch Stempelabdruck zu bewirkenden Vermerk „Weinuntersuchung". In die über diese Begleitscheine oder Begleitzettel geführten Register ist an geeigneter Stelle derselbe Vermerk aufzunehmen.

(3) Bei hochwertigen Weinen in Flaschen kann die Untersuchung, auch abgesehen von dem Falle des § 8, durch die hierfür zuständige Verwaltungsbehörde erlassen werden.

§ 5.

Wahl der Untersuchungsstelle durch den Verfügungsberechtigten.

(1) Bei der Einfuhr untersuchungspflichtiger Sendungen hat der Verfügungsberechtigte die Wahl, ob er die Untersuchung beim Eingangsamte, sofern dasselbe zuständig ist, oder bei einem anderen zuständigen Amte vornehmen lassen will.

(2) Er hat beim Eingange der Zollstelle schriftlich anzumelden, welchem Amte er die Herbeiführung der Untersuchung zu übertragen wünscht. Wenn nach den zollrechtlichen Bestimmungen eine schriftliche Warendeklaration zu erfolgen hat, so ist die Anmeldung in dieser zu bewirken.

(3) Erfolgt die Anmeldung nicht innerhalb einer von dem Eingangsamt ein für allemal anzuordnenden Frist, und wird nicht die Wiederausfuhr der Sendung oder ihre Aufnahme in die öffentliche Niederlage oder ein Privatlager unter amtlichem Mitverschlusse beantragt, so ist die Untersuchung bei dem Eingangsamt oder, falls dieses nicht zuständig ist, bei einer benachbarten, von dem Amte zu bestimmenden zuständigen Zollstelle von Amts wegen vorzunehmen.

§ 6.

Untersuchung beim Eingangsamt.

(1) Findet die Untersuchung beim Eingangsamt statt, so ist von dem Verfügungsberechtigten in der Anmeldung (§ 5 Abs. 2) das Erzeugungsland der Sendung zu erklären. Das Amt hat eine Prüfung

der Sendung auf Zahl und Inhalt der Kesselwagen oder Packstücke (Flaschen, Fässer, Kisten usw.) vorzunehmen. Dabei ist insbesondere festzustellen, inwieweit der Inhalt der zur Sendung gehörigen Kesselwagen oder Packstücke nach Ausweis der vorgelegten Begleitpapiere (Rechnungen, Frachtbriefe, Konnossemente, Ladescheine und dergleichen) sowie nach Farbe, Geruch, Geschmack usw. als gleichartig angesehen werden kann.

(2) Aus jedem Kesselwagen sowie aus den Packstücken mit gleichartigem Inhalt insgesamt ist mindestens eine Stichprobe zu entnehmen und der Untersuchungsstelle (§ 2 Abs. 2) zu übersenden. Hierbei sind folgende Vorschriften zu beachten:

1. Die Proben sind auf mindestens je 1 ½ Liter oder zwei 1/1 Flaschen zu bemessen. Bei der Entnahme aus Kesselwagen und Fässern ist darauf zu achten, daß auch aus den tiefsten Schichten der Flüssigkeiten Proben entnommen werden.
2. Die für die Proben aus Fässern und Kesselwagen zu verwendenden Flaschen und Korke müssen vollkommen rein sein. Krüge oder undurchsichtige Flaschen, in welchen etwa vorhandene Unreinlichkeiten nicht erkannt werden können, dürfen nicht verwendet werden.
3. Traubenmaische und Traubenmost sind vor dem Einfüllen in Flaschen durch ein reines trockenes Tuch zu seihen und alsdann durch ein doppeltes Faltenfilter von Papier zu filtrieren. Die ge-

füllten Flaschen sind entweder vor dem Verkorken mit sechs Tropfen ätherischen Senföls oder zehn Tropfen Formaldehyd (40 prozentige Lösung) auf 1 Liter Most, bei bereits eingetretener Gärung mit den doppelten Mengen zu versetzen oder nach dem Verkorken zu sterilisieren, indem sie in ein etwa 90 ° C heißes Wasserbad eingesetzt und darin ½ Stunde belassen werden.

4. Jede Flasche ist amtlich zu verschließen und mit einem anzuklebenden Zettel zu versehen, auf welchem die zur Feststellung der Nämlichkeit notwendigen Vermerke angegeben sind. Ferner ist gesondert anzugeben: das Erzeugungsland, die Art der unmittelbaren Umschließungen; bei Fässern und Kesselwagen außerdem der Füllungsgrad; wie weit etwa Kahmbildung eingetreten ist, ob die Proben etwa aus den tiefsten Schichten der Flüssigkeiten entnommen worden sind, und bei Traubenmost und Traubenmaische, ob diese sich in alkoholischer Gärung befinden oder wegen des Mangels an Gärung des Zusatzes gärungshemmender Stoffe verdächtig erscheinen.

5. Die Proben sind sofort nach der Entnahme an die Untersuchungsstelle zu befördern. Ist eine alsbaldige Absendung nicht ausführbar, so sind die Flaschen an einem vor Sonnenlicht geschützten kühlen Orte liegend aufzubewahren. Bei Jungwein, Traubenmost und Traubenmaische ist

wegen ihrer leichten Veränderlichkeit auf besonders schnelle Beförderung Bedacht zu nehmen.

(3) Die Prüfung der Sendung und die Entnahme der Proben findet an ordentlicher Amtsstelle statt. Sie kann auf Antrag mit Genehmigung des Amtsvorstandes auch an anderen Orten als der ordentlichen Amtsstelle erfolgen, sofern an diesen Orten Räume zur Verfügung stehen, in denen die Sendung bis zur Beendigung der Utnersuchung in der im Abs. 4 vorgeschriebenen Weise aufbewahrt werden kann.

(4) Bis zur Beendigung der Untersuchung ist die Sendung derart unter amtlicher Aufsicht oder unter amtlichem Verschluß aufzubewahren, daß eine Vertauschung oder Veränderung des Inhalts der einzelnen Kesselwagen oder Packstücke ausgeschlossen ist.

§ 7.

(1) Bei der Untersuchung von Wein ist nach der Anweisung des Bundesrats zur chemischen Untersuchung des Weines,*) bei der Untersuchung von Traubenmost und Traubenmaische in sinngemäßer Anwendung dieser Anweisung zu verfahren. Der Umfang der Untersuchung und erforderlichenfalls die Wahl des Untersuchungsverfahrens bei der Ermittelung solcher Stoffe, die in der Anweisung nicht berücksichtigt sind, bleibt dem Ermessen des untersuchenden Sachverständigen überlassen.

---

*) Abgedruckt in **Lebbin**, Amtliche Untersuchungsmethoden für Chemiker, Berlin 1907, J. Guttentag S. 78—119.

(2) Das Ergebnis der Untersuchung ist der Zollstelle alsbald schriftlich mitzuteilen. Die etwaige Beanstandung ist ausführlich zu begründen.

(3) Hat die Untersuchung der Stichproben zu keiner Beanstandung geführt, so ist die ganze Sendung zur Einfuhr zuzulassen. Im Falle der Beanstandung einer Stichprobe ist die Sendung, unbeschadet der weitergehenden, auf Grund der strafrechtlichen Bestimmungen des Vereinszollgesetzes anzuordnenden Maßregeln, nach den Vorschriften in den §§ 10, 11 zu behandeln.

(4) Auf Ersuchen der Zollstelle sind roter Wein und Most von Trauben zu solchem Weine auch daraufhin zu untersuchen, daß sie einen Zuckerzusatz nicht erhalten haben (§ 22 Abs. 1).

§ 8.

Anerkennung ausländischer Untersuchungszeugnisse.

(1) Wein, Traubenmost und Traubenmaische italienischer und österreichisch-ungarischer Erzeugung sind regelmäßig ohne Untersuchung zur Einfuhr zuzulassen, wenn die Sendung von einem Zeugnis über die Einfuhrfähigkeit des Erzeugnisses begleitet ist, welches von einer der hierzu bestimmten wissenschaftlichen Anstalten des Erzeugungslandes ausgestellt ist und nachweist, daß die Untersuchung unter Beobachtung der Vorschriften vorgenommen worden ist, die hierüber im Erzeugungsland im Einvernehmen mit der Reichsverwaltung erlassen sind, und wenn sich nicht besondere Zweifel an der Richtigkeit des

Zeugnisses aus der Beschaffenheit des Erzeugnisses nach Farbe, Geruch, Geschmack usw. oder aus anderen außergewöhnlichen Wahrnehmungen im einzelnen Falle ergeben.

(2) Das Zeugnis muß ersehen lassen:

a) Gewicht, Zeichen und Nummer jedes einzelnen Kesselwagens oder Packstücks;

b) die Art (Wein, Traubenmost, Traubenmaische) und Farbe des Erzeugnisses;

c) die Herkunft des Erzeugnisses (Gemarkung, Jahrgang usw.) und seine Bezeichnung;

d) bei rotem Weine sowie bei Traubenmost und Traubenmaische zu solchem Weine, ob ein Verschnitt mit weißem Weine, weißem Traubenmost oder weißer Traubenmaische vorliegt;

e) ob das Erzeugnis einen Zuckerzusatz erhalten hat.

Der Untersuchungsbefund muß erkennen lassen:

a) daß das Erzeugnis den für den Verkehr im Erzeugungslande geltenden gesetzlichen Vorschriften entspricht;

b) daß es nicht nach den vom Bundesrate zu § 13 des Weingesetzes vom 7. April 1909 (Reichs-Gesetzbl. S. 393) erlassenen Ausführungsbestimmungen vom Verkehr ausgeschlossen ist;

c) daß Proben aus jedem Kesselwagen oder Packstück entweder für sich oder nach Bildung einer Durchschnittsprobe (Mischprobe) untersucht worden sind. In letzterem Falle bedarf es der weiteren Bescheinigung, daß in allen Packstücken, aus deren Inhalt die Durchschnittsprobe (Mischprobe) gebildet wurde, ein gleichartiges Erzeugnis enthalten war.

Schließlich muß das Zeugnis einen Vermerk darüber enthalten, daß jeder Kesselwagen oder jedes Packstück unmittelbar nach der Probeentnahme mit einem die spätere Vertauschung oder Verfälschung des Inhalts ausschließenden Verschlusse versehen worden ist.

(3) In der Regel soll das Zeugnis einschließlich der im Falle seiner Ausfertigung in fremder Sprache ihm beizulegenden oder beizudruckenden deutschen Übersetzung von der zuständigen Kaiserlichen Konsularbehörde beglaubigt sein. Bei Zeugnissen, welche unter Benutzung eines mit der Regierung des Ursprungslandes besonders vereinbarten, sowohl in der fremden wie in deutscher Sprache abgefaßten Vordrucks ausgestellt sind, ist jedoch eine besondere Beglaubigung der Richtigkeit der Übersetzung nicht erforderlich. Außerdem kann bei Zeugnissen, die neben der Unterschrift mit dem Amtssiegel des Ausstellers oder der Anstalt versehen sind, über das Fehlen der konsularischen Beglaubigung der Unterschrift hinweggesehen werden, wenn die Abfertigungsstelle zur Prüfung der Unterschrift auf Grund der ihr amtlich mitgeteilten Nachbildung ermächtigt ist und die durch einen Oberbeamten auszuführende Vergleichung keinen Anlaß zu Bedenken bietet.

(4) Liegen besondere Gründe zum Zweifel an der Richtigkeit des Zeugnisses vor, so hat die Zollstelle

eine Nachuntersuchung desjenigen Teiles der Sendung, deren Inhalt ihr Anlaß zu Bedenken gibt, durch eine der im § 2 Abs. 2 bezeichneten Anstalten oder Personen herbeizuführen. Die Kosten der Nachuntersuchung einschließlich der Versendung der Proben hat der Verfügungsberechtigte zu tragen, sofern die Untersuchung zu seinen Ungunsten ausfällt.

(5) Ist der amtliche Verschluß an den vorgeführten Kesselwagen oder Packstücken verletzt, so kann von einer nochmaligen Untersuchung Abstand genommen werden, sofern nach der Überzeugung der Zollstelle aus den Umständen hervorgeht, daß die Verschlußverletzung auf Zufall beruht und eine Veränderung des Inhalts nicht stattgefunden hat.

(6) Auf Erzeugnisse anderer Länder sind die vorstehenden Vorschriften insoweit anwendbar, als die Zollstellen hierzu durch ausdrückliche Anweisung unter Bekanntgabe der zur Ausstellung der Untersuchungszeugnisse befugten Anstalten ermächtigt werden.

§ 9.

Weitere Abfertigung der zur Einfuhr zugelassenen Sendungen.

(1) Die auf Grund der Untersuchung im Inland oder auf Grund ausländischer Zeugnisse zur Einfuhr zugelassenen Sendungen können zollamtlich weiterbehandelt werden.

(2) Die Mitteilungen über das Untersuchungsergebnis sowie die ausländischen Zeugnisse sind, erforderlichenfalls in amtlich beglaubigten Abschriften oder Auszügen, den über die Sendung vorhandenen

Zollpapieren anzustempeln oder als Belege zu den Zollregistern zu nehmen.

§ 10.

Verfahren bei Beanstandungen.

(1) Soweit die Sendung beanstandet wird, ist sie durch die Zollstelle von der Einfuhr zurückzuweisen. Dem Verfügungsberechtigten, der von der Zurückweisung unter Angabe des Grundes alsbald zu benachrichtigen ist, steht frei, innerhalb dreier Tage nach Empfang dieser Benachrichtigung bei der die Zurückweisung verfügenden Zollstelle die Entscheidung der von der Landeszentralbehörde bezeichneten höheren Verwaltungsbehörde zu beantragen. Diese Behörde entscheidet endgültig.

(2) Wird eine Stichprobe aus Packstücken mit gleichartigem Inhalte beanstandet, so sind auch die nicht untersuchten Teile der Sendung von der Einfuhr zurückzuweisen, sofern nicht der Verfügungsberechtigte innerhalb der im Abs. 1 bezeichneten Frist ihre Untersuchung beantragt. Diese Untersuchung hat sich auf jedes einzelne Packstück zu erstrecken, kann aber nach dem Ermessen des untersuchenden Sachverständigen auf den Beanstandungsgrund beschränkt bleiben.

§ 11.

Von der Einfuhr zurückgewiesene oder freiwillig zurückgezogene Erzeugnisse sind unter zollamtlicher Überwachung in das Zollausland zurückzuschaffen. An Stelle der Wiederausfuhr hat die Vernichtung unter zollamtlicher Aufsicht zu erfolgen, wenn der Verfügungsberechtigte mit der Vernichtung einverstanden ist oder es ablehnt, für die Zurückschaffung in das Ausland zu sorgen.

§ 12.

Zollbehandlung der Proben.

Für die zum Zwecke der Untersuchung entnommenen und dabei verbrauchten oder unbrauchbar gewordenen Proben kommt Zoll nicht zur Erhebung.

§ 13.

Untersuchung bei einem anderen Amte, als dem Eingangsamt.

(1) Findet die Untersuchung nicht beim Eingangsamt statt, so ist die Sendung an das Amt, bei dem die Untersuchung vorgenommen werden soll, unter zollamtlichem Verschluß, und zwar nach Möglichkeit unter Raumverschluß oder unter zollamtlicher Begleitung mit Begleitschein I oder Begleitzettel zu überweisen.

(2) Die über derartige Sendungen ausgestellten Begleitscheine oder Begleitzettel erhalten am oberen Rande der ersten Seite den mit Buntstift oder durch Stempelabdruck zu bewirkenden Vermerk „Weinuntersuchung". In die über diese Begleitscheine oder Begleitzettel geführten Register ist an geeigneter Stelle derselbe Vermerk aufzunehmen.

(3) Nach Ankunft der Sendung bei dem Amte, bei dem die Untersuchung vorzunehmen ist, findet das in den §§ 5 bis 12 bezeichnete Verfahren entsprechende Anwendung. Die zollamtliche Prüfung

(§ 6 Abs. 1) hat sich auch darauf zu erstrecken, ob der Warenführer seinen Verpflichtungen aus dem Begleitschein oder Begleitzettel nachgekommen ist. Die zurückgewiesenen oder freiwillig zurückgezogenen Erzeugnisse sind im Falle ihrer Wiederausfuhr in dem Begleitpapier als solche zu bezeichnen.

§ 14. **Postverkehr.**

(1) Untersuchungspflichtige Postsendungen sind von der Postbehörde durch die Bezeichnung „Weinuntersuchung" kenntlich zu machen und einer für die Untersuchung zuständigen Zollstelle an der Grenze oder im Innern vorzuführen. Dies gilt auch dann, wenn eine Sendung erst bei der zollamtlichen Abfertigung (§§ 9ff. PZO.) als untersuchungspflichtig erkannt wird und die Zollstelle für die Untersuchung nicht zuständig ist. Die zollamtliche Abfertigung ist in diesem Falle dem für die Untersuchung zuständigen Amte zu überlassen und die Sendung der Postbehörde gegen Empfangsbescheinigung zurückzugeben. Auf Antrag des Empfängers kann von der Weiterbeförderung abgesehen und die Sendung unter zollamtlicher Aufsicht vernichtet werden.

(2) Im übrigen finden auf den Postverkehr (Abs. 1) die Vorschriften der §§ 5 bis 12 mit der Maßgabe Anwendung, daß bei der Wiederausfuhr zurückgewiesener oder freiwillig zurückgezogener Sendungen die Ausstellung von Begleitscheinen und die Anlegung eines Zollverschlusses oder zollamtliche Begleitung nicht erforderlich ist.

§ 15.

Nachträgliche Herbeiführung der Untersuchung.

Wird im Falle der Bestimmung einer Sendung zur unmittelbaren Durchfuhr (§ 4 Abs. 1 Ziff. 6) diese Bestimmung nachträglich geändert, so ist die Untersuchung alsbald nachzuholen. Dasselbe gilt für solche Sendungen, die über nicht zugelassene Grenzstellen in anderer Weise als mit der Post eingeführt und erst am Bestimmungsort als untersuchungspflichtig erkannt werden. In beiden Fällen sind die Vorschriften in §§ 5 bis 14 entsprechend anzuwenden.

§ 16.

Zwischenauslandsverkehr.

(1) Wein, Traubenmost und Traubenmaische, welche auf Grund des Regulativs, die zollamtliche Behandlung von Warensendungen aus dem Inlande durch das Ausland nach dem Inlande betreffend, zur Versendung in das Ausland abgefertigt werden, sind unter zollamtlichem Verschluß oder unter zollamtlicher Begleitung abzulassen.

(2) Beim Wiedereingangsamte hat stets die Schlußabfertigung gemäß § 11 des bezeichneten Regulativs einzutreten. Ergeben sich hierbei keine Bedenken hinsichtlich der Nämlichkeit der vorgeführten mit den ausgeführten Waren, so findet der § 2 Abs. 1 und die §§ 5 bis 15 keine Anwendung.

(3) Die genannten Bestimmungen finden ferner keine Anwendung auf Sendungen, die gemäß § 19

der Postzollordnung aus einem Orte des Zollgebiets durch das Zollausland nach einem anderen Orte des Zollgebiets befördert werden.

§ 17.

Wein zur Kognakbereitung.

Zur Kognakbereitung bestimmter Wein darf ohne vorherige Untersuchung zur Einfuhr zugelassen werden, nachdem er mit fein zerriebenem Kochsalz in Menge von 2 vom Hundert seines Reingewichts amtlich ungenießbar gemacht (denaturiert) oder nachdem seine Verwendung zur Kognakbereitung gemäß den Bestimmungen in den §§ 40 bis 46 unter amtliche Überwachung genommen ist.

§ 18. **Schlußbestimmung.**

Im übrigen finden auf die Einfuhr von Wein, Traubenmost und Traubenmaische die Bestimmungen des Vereinszollgesetzes und der dazu erlassenen Ausführungsvorschriften Anwendung.

Abschnitt II.

Vorschriften über die Zollbehandlung von Weinen und Mosten der Tarifnummer 180.

a) Verschnittweine und Verschnittmoste.

§ 19.

Begriffsbestimmung und Zollsatz.

(1) Im Sinne der vertragsmäßigen Vereinbarungen gelten:

A. als Verschnittweine solche rote Naturweine von Trauben, welche in 100 Gewichtsteilen mindestens 9,5 und höchstens 20 Gewichtsteile Weingeist und im Liter Flüssigkeit bei 100° C mindestens 28 Gramm trockenen Extrakt enthalten,

B. als Verschnittmoste solche frische Moste von Trauben zu rotem Weine, welche eine dem Mindestgehalte der Verschnittweine an Weingeist entsprechende Menge Fruchtzucker und außerdem im Liter Flüssigkeit bei 100° C mindestens 28 Gramm trockenen Extrakt enthalten.

(2) Verschnittweine und Verschnittmoste, deren Erzeugung in Tarifvertrags- oder meistbegünstigten Staaten außer Zweifel steht, unterliegen dem ermäßigten Zollsatze von 15 Mark für 1 Doppelzentner, sofern ihre Einfuhr in Fässern oder Kesselwagen unmittelbar aus dem Erzeugungsland erfolgt ist und ihre Verwendung zum Verschneiden von Wein unter Erfüllung nachstehender Bedingungen beantragt und unter zollamtlicher Überwachung vorgenommen wird.

A. Verschnittweine.

§ 20.

Bedingung der unmittelbaren Einfuhr.

(1) Die Bedingung der unmittelbaren Einfuhr des Weines aus dem Erzeugungsland ist erfüllt, wenn keine zwischenzeitige Lagerung in einem dritten Lande stattgefunden hat. Als zwischenzeitige Lagerung ist der lediglich durch Umladen oder Erwarten

einer geeigneten Beförderungsgelegenheit bedingte Aufenthalt nicht anzusehen.

(2) Die zwischenzeitige Lagerung in einem deutschen Freihafengebiete hat die Ausschließung von dem ermäßigten Zollsatze dann nicht zur Folge, wenn über die Weine während dieser Lagerung eine zollamtliche Kontrolle ausgeübt worden ist und eine Bescheinigung hierüber bei der Einfuhr in das Zollgebiet beigebracht wird.

(3) Zum Nachweise der unmittelbaren Einfuhr aus dem Erzeugungslande sind von dem Antragsteller die Frachtbriefe oder Schiffskonnossemente und auf Verlangen auch der geschäftliche Schriftwechsel über den Bezug der Sendung in Urschrift vorzulegen. Eine deutsche Übersetzung des Schriftwechsels ist auf Verlangen der Zollabfertigungsstelle zu beschaffen.

§ 21.

Beschränkung der Prüfungsbefugnis; Zeitpunkt der Erklärung als Verschnittwein.

(1) Die Prüfung der Verschnittweine auf das Vorhandensein der im § 19 angegebenen Eigenschaften kann nur bei den gemäß § 2 Abs. 1 für die Untersuchung auf die Einfuhrfähigkeit zuständigen Zollstellen erfolgen. Zuständig im einzelnen Falle ist diejenige Zollstelle, bei welcher die Untersuchung auf die Einfuhrfähigkeit stattfindet.

(2) Die Absicht der Verwendung als Verschnittwein muß spätestens vor Beginn der gemäß § 6 vorzunehmenden zollamtlichen Prüfung erklärt werden.

§ 22.

Prüfung der Verschnittweine.
1. Untersuchung auf Naturreinheit.

(1) Die Zollstelle hat die nach der Vorschrift des § 6 entnommenen Stichproben von den im § 2 Abs. 2 bezeichneten Anstalten oder Personen außer auf die Einfuhrfähigkeit auch daraufhin untersuchen zu lassen, daß sie einen Zuckerzusatz nicht erhalten haben.

(2) Hat die Untersuchung der Stichproben zu keiner Beanstandung geführt, so gilt ihr Ergebnis auch für die nicht untersuchten Gefäße der Sendung. Ist nach dem Ergebnisse der Untersuchung der Wein zwar einfuhrfähig, aber gezuckert, so hat die Zollstelle, sofern nicht der Antrag auf Zulassung des Weines als Verschnittwein zurückgezogen wird, die Untersuchung der sämtlichen Gefäße der Sendung auf Zuckerzusatz herbeizuführen.

(3) Von der Untersuchung auf Zuckerzusatz ist mit den im § 8 bezeichneten Maßgaben abzusehen, wenn inhaltlich des zum Nachweise der Einfuhrfähigkeit beigebrachten ausländischen Zeugnisses der Wein einen Zuckerzusatz nicht erhalten hat.

§ 23.

2. Untersuchung auf Weingeist- und Extraktgehalt.

(1) Die Untersuchung der als Verschnittweine erklärten Weine auf den Weingeist- und Extraktgehalt ist, falls sie nicht bereits von der Untersuchungsstelle (§ 2 Abs. 2) mitbewirkt worden ist, durch die Zollstelle auf Grund der aus jedem Kesselwagen oder aus

mindestens der Hälfte der zu einer Sendung gehörigen Fässer zu entnehmenden Einzelproben nach der in der Anlage 1 abgedruckten Anweisung vorzunehmen.

(2) Falls die zollamtliche Untersuchung ergibt, daß bei der ganzen Sendung oder bei einem Teile der Fässer der Weingeistgehalt nicht innerhalb der vertragsmäßig festgesetzten Grenzen liegt oder der Extraktgehalt die festgesetzte Mindestgrenze nicht erreicht, so ist, sofern nicht der Antrag auf Zulassung des Weines als Verschnittwein zurückgezogen wird, sofort von Amts wegen eine Untersuchung der Weinsendung durch die im § 2 Abs. 2 bezeichneten Anstalten oder Personen herbeizuführen. Zu dem Zwecke werden unter Beachtung der Vorschrift in Ziff. 1 Abs. 1 der vorbezeichneten Anweisung nochmals Proben entnommen und unter amtlichem Verschlusse der Untersuchungsstelle übersandt. Diese hat jede einzelne Probe für sich zu untersuchen und dabei nach der im § 7 bezeichneten Anweisung zur chemischen Untersuchung des Weines mit der Maßgabe zu verfahren, daß der Weingeistgehalt nach Gewichtsteilen in Hundert anzugeben ist. Eine wiederholte Vornahme dieser Untersuchung ist nicht zulässig.

(3) Hat die Untersuchung der entnommenen Proben zu keiner Beanstandung geführt, so gilt ihr Ergebnis auch für die nicht untersuchten Gefäße derselben Sendung. Muß dagegen auch nur für ein einziges Gefäß die Anerkennung als Verschnitt-

wein versagt werden, so sind sämtliche Gefäße der Sendung auf den Weingeist- und Extraktgehalt zu untersuchen.

(4) Hinsichtlich der Abstandnahme von der Untersuchung auf den Weingeist- und Extraktgehalt findet die Vorschrift im § 22 Abs. 3 entsprechende Anwendung.

§ 24.

Bescheinigung der Prüfungsergebnisse.

(1) Über das Ergebnis der Untersuchung auf den Weingeist- und Extraktgehalt hat die untersuchende Stelle ein schriftliches Zeugnis auszustellen, in welchem für jedes untersuchte Gefäß der Weingeist- und Extraktgehalt anzuführen ist. Mit dem Zeugnis ist nach der Vorschrift im § 9 Abs. 2 zu verfahren.

(2) Der Befund über die unmittelbare Einfuhr aus dem Erzeugungsland ist in dem Abfertigungspapier schriftlich niederzulegen.

§ 25.

Kosten der Untersuchung; Zollbehandlung der Proben.

(1) Die Kosten der gemäß der §§ 22, 23 vorgenommenen Untersuchungen einschließlich der Versendung der Proben sind von dem Antragsteller zu tragen.

(2) Für die zum Zwecke dieser Untersuchungen entnommenen und dabei vernichteten oder zum Genuß unbrauchbar gewordenen Proben kommt Zoll nicht zur Erhebung.

§ 26.

Aufbewahrung bis zum Verschneiden.

(1) Verschnittweine, welche nicht sofort nach der Untersuchung zum Verschneiden verwendet oder weiter versendet werden, sind getrennt von den sonstigen Weinen unter amtlicher Aufsicht oder Zollverschluß zu halten.

(2) Tritt aus irgendeinem Grunde vor der Durchführung des Verschneidens die Verpflichtung zur Zollentrichtung ein, so ist der Zoll nicht nach dem vertragsmäßigen Satze für Verschnittweine, sondern nach dem für andere Weine von gleichem Weingeistgehalte zutreffenden Satze der Nr. 180 des Zolltarifs zu erheben.

B. Verschnittmoste.

§ 27.

Frische Moste von Trauben zu rotem Weine, die als Verschnittmoste angemeldet werden, sind nach der in der Anlage 1 abgedruckten Anweisung auf ihren Gehalt an Fruchtzucker und trockenem Extrakte zu untersuchen. Im übrigen finden alle vorstehenden Bestimmungen über die Verschnittweine sinngemäß auf die Verschnittmoste Anwendung.

C. Ausführung des Verschnitts.

§ 28.

Begriff.

Der Verschnitt besteht in der Zumischung der untersuchten Verschnittweine oder Verschnittmoste zu

Weißwein oder zu Rotwein in bestimmtem Mengenverhältnis und erfolgt auf Anmeldung unter amtlicher Überwachung. Die Zumischung zu Most ist nicht als ein die Anwendung des vertragsmäßigen Zollsatzes von 15 Mark für einen Doppelzentner begründender Verschnitt anzusehen.

Zuständigkeit.

§ 29.

Der Verschnitt kann bei den zur Prüfung der Verschnittweine und Verschnittmoste befugten Zollstellen (§ 21), ferner bei allen mit Niederlagebefugnis versehenen Zollstellen und außerdem auch bei anderen, von den obersten Landesfinanzbehörden dazu ermächtigten Zollstellen auf Antrag vorgenommen werden. Die amtliche Überwachung des Verschnitts kann auf Antrag auch außerhalb der zuständigen Amtsstelle stattfinden. Hierfür hat der Antragsteller Gebühren nach Maßgabe der Zollgebührenordnung zu entrichten.

§ 30.

Anmeldung zum Verschneiden.

(1) Die Anmeldung zum Verschneiden hat außer den sonstigen für die Zollabfertigung erforderlichen Angaben zu enthalten:

a) Menge des zu verwendenden Verschnittweins oder Verschnittmostes in Liter und

b) Art (Weiß- oder Rotwein), Abstammung (inländisch oder ausländisch) und Menge (Zahl und Art der Gefäße sowie Litermenge) des zu verschneidenden Weines.

(2) Wird roter Wein aus dem freien Verkehre des Zollgebiets zum Verschneiden vorgeführt, so bedarf es außerdem der Angabe, daß kein bereits unter amtlicher Überwachung verschnittener Wein vorliegt.

§ 31.

Mindestmenge des Verschnittweins oder Verschnittmostes.

Die auf einmal zur Abfertigung anzumeldende Mindestmenge des Verschnittweins oder Verschnittmostes wird auf 100 Liter festgesetzt.

§ 32.

Beschaffenheit der zu verschneidenden Weine.
1. Allgemeine Vorschrift.

Der zu verschneidende weiße oder rote Wein muß den Anforderungen entsprechen, welche für Wein im Weingesetze vom 7. April 1909 (Reichs-Gesetzbl. S. 393) vorgesehen sind. Getränke, welche nach § 13 des genannten Gesetzes nicht in Verkehr gebracht werden dürfen, sind zum Verschneiden mit zollbegünstigtem Verschnittwein oder Verschnittmoste nicht zuzulassen. Die Zollstelle hat sich von der vorschriftsmäßigen Beschaffenheit der zum Verschneiden vorgeführten Weine zu überzeugen und in Zweifelsfällen Gutachten hierüber von einer der im § 2 Abs. 2 bezeichneten Anstalten oder Personen auf Kosten des Antragstellers einzuholen. Von dem Antragsteller vorgelegte Zeugnisse können nur dann als ausreichender Nachweis anerkannt werden, wenn sie von einem geprüften Nahrungsmittelchemiker auf Grund eigener

Untersuchung von Proben der zum Verschneiden vorgeführten Weine nach Maßgabe der im § 7 bezeichneten Anweisung zur chemischen Untersuchung des Weines ausgestellt sind und die Bescheinigung enthalten, daß die Gefäße unmittelbar nach der Probenentnahme durch eine Gemeindebehörde oder durch den Zeugnisaussteller derart verschlossen worden sind, daß jede Veränderung ihres Inhalts bis zur Vornahme des Verschnitts verhindert wird.

§ 33.

2. Sonderbestimmungen für Rotwein.

(1) Die Zumischung von Verschnittwein zu Rotwein gleicher oder gleichartiger Beschaffenheit ist nicht als Verschnitt im Sinne der vertragsmäßigen Abmachungen anzuerkennen. Mit Rücksicht hierauf hat die Zollstelle die zum Verschneiden vorgeführten Rotweine nach ihren allgemeinen Merkmalen (Farbe, Geschmack, Dichte, Alter usw.) mit den beizumischenden Verschnittweinen zu vergleichen und in Zweifelsfällen einer Untersuchung durch eine der im § 2 Abs. 2 bezeichneten Anstalten oder Personen auf Kosten des Antragstellers zu unterwerfen. Rotwein, dessen Gehalt an Weingeist oder an trockenem Extrakte die für Verschnittwein vorgeschriebene Mindestgrenze erreicht, ist stets als ein dem Verschnittweine gleichartiger Wein anzusehen.

(2) Rotweine, die durch Verschneiden von weißen oder roten Weinen mit zollbegünstigtem Verschnittwein oder Verschnittmoste hergestellt sind, dürfen

nach dem Übergange des Gemisches in den freien Verkehr des Zollgebiets nicht wiederholt zum Verschneiden mit zollbegünstigtem Verschnittwein oder Verschnittmoste zugelassen werden. Auf Erfordern der Zollstelle hat der Antragsteller durch Vorlegung der gemäß § 19 des Weingesetzes vom 7. April 1909 (Reichs-Gesetzbl. S. 393) etwa geführten Bücher oder in sonst geeigneter Weise darzutun, daß ein derartiger Vorverschnitt noch nicht stattgefunden hat.

§ 34. **Mischungsverhältnis.**

(1) Der Zusatz von Verschnittwein oder Verschnittmost darf bei dem Verschnitte von Weißwein nicht mehr als die eineinhalbfache Raummenge des zu verschneidenden Weines (60 vom Hundert des ganzen Gemisches) und bei dem Verschnitte von Rotwein nicht mehr als die Hälfte der Raummenge des zu verschneidenden Weines ($33^1/_3$ vom Hundert des ganzen Gemisches) betragen. Die Mindestmenge des Zusatzes unterliegt, abgesehen von der Bestimmung im § 31, keiner Beschränkung.

(2) Wenn der Zusatz von Verschnittwein oder Verschnittmost die den angegebenen Verhältniszahlen entsprechende Menge nicht erreicht, so kann der Zusatz des an der zulässigen Höchstmenge noch fehlenden Teiles nachträglich angemeldet und mit der Wirkung der Zollermäßigung vorgenommen werden, solange das Gemisch nicht in den freien Verkehr des Zollgebiets übergegangen ist.

Verfahren.

§ 35.

(1) Die amtliche Feststellung der Litermenge des Verschnittweins oder Verschnittmostes sowie des zu verschneidenden Weines hat in der Regel durch Vermessung mittels geeichter Gefäße zu erfolgen. Soweit die Flüssigkeit sich in vollen Fässern der gewöhnlich zur Versendung von Wein benutzten Art befindet, kann die Litermenge aus dem Gewichte des gefüllten Fasses in der Weise berechnet werden, daß für jedes Kilogramm dieses Gewichts 0,8547 Liter in Ansatz gebracht werden. Ebenso kann die Litermenge bei nicht vollgefüllten Fässern durch Umrechnung aus dem Eigengewichte des Weines nach Maßgabe des § 4 A 2 b des Weinlagerregulativs ermittelt werden.

(2) Bleibt gegenüber der Menge des zu verschneidenden Weines die Menge des Verschnittweins oder Verschnittmostes offenbar beträchtlich hinter der zulässigen Höchstmenge zurück und soll das Gemisch sogleich in den freien Verkehr treten, so kann von der Ermittelung der Litermenge des zu verschneidenden Weines abgesehen werden.

§ 36.

Sonderbestimmungen für den Niederlageverkehr.

(1) Die zum Verschnitt in öffentliche Niederlagen oder in Privatlager unter amtlichem Mitverschluß eingebrachten inländischen Weine behalten ihre Eigenschaft als Güter des freien Verkehrs bei, sind jedoch abgesondert zu lagern.

(2) Innerhalb desselben Teilungslagers können Verschnittweine und andere Faßweine gelagert werden, ohne daß dadurch der höhere Zollsatz der letzteren für den ganzen Lagerbestand begründet wird, wenn die Verschnittweine von den anderen Faßweinen durch räumliche Trennung oder nach dem Ermessen der Zollstelle in sonst geeignet erscheinender Weise auseinandergehalten werden.

D. Behandlung der verschnittenen Weine.

§ 37.

(1) Das durch Verschneiden von unverzolltem ausländischen Weine erhaltene Gemisch ist, wenn es nicht sofort in den freien Verkehr gesetzt wird, bis dahin in einem abgegrenzten Raume der öffentlichen Niederlage oder eines unter amtlichem Mitverschlusse stehenden Privatlagers oder, in Ermangelung solcher Räume, auf Kosten des Antragstellers in einem anderweiten geeigneten, unter amtlichen Mitverschluß zu nehmenden Raume aufzubewahren und bleibt auch bei Versendung auf Begleitschein I sowie im Falle seiner Belassung in der öffentlichen Niederlage oder in einem unter amtlichem Mitverschlusse stehenden Privatlager nach dem anteiligen Verhältnisse des darin enthaltenen ausländischen Verschnittweins oder Verschnittmostes und anderen ausländischen Faßweins zollpflichtig. Das Gemisch ist im Niederlageregister unter Anschreibung des Zollbetrags, welcher nach Maßgabe des Mischungsverhältnisses auf dem

Gemische lastet, als „verschnittener Wein" festzuhalten.

(2) Ebenso ist sinngemäß zu verfahren, wenn aus dem freien Verkehre des Zollgebiets zum Verschneiden vorgeführte Weine nach Vornahme eines Teilverschnitts (§ 34 Abs. 2) in der öffentlichen Niederlage oder in einem unter amtlichem Mitverschlusse stehenden Privatlager belassen oder auf Begleitschein I versendet werden, um die spätere Ergänzung des Zusatzes von Verschnittwein oder Verschnittmost auf die zulässige Höchstmenge nicht auszuschließen.

(3) Den obersten Landesfinanzbehörden bleibt überlassen, weitere für die Zollsicherheit erforderliche Bestimmungen über die zollamtliche Behandlung des verschnittenen Weines auf den öffentlichen Niederlagen sowie den unter amtlichem Mitverschlusse stehenden Privatlagern zu treffen sowie auch die erforderlichen Ergänzungen bezüglich der Buchführung usw. vorzuschreiben.

E. Besondere Erleichterungen.

1. **Für Weinbauer.** **§ 38.**

Die obersten Landesfinanzbehörden sind ermächtigt, für diejenigen Weinbauer, welche nicht mehr als 1 Hektar Weinland besitzen, nur selbstgewonnenen Wein verschneiden und nicht zugleich Weinhändler sind, Erleichterungen bezüglich der Überwachung der Verwendung von Verschnittweinen eintreten zu lassen.

Die Vornahme des Verschnitts darf jedoch nur unter zollamtlicher Aufsicht stattfinden.

§ 39.

2. Aus Billigkeitsrücksichten.

Die obersten Landesfinanzbehörden sind ermächtigt, die Anwendung des vertragsmäßigen Zollsatzes für Verschnittweine oder Verschnittmoste nach ihrer Verwendung zum Verschneiden von Wein ausnahmsweise in denjenigen Fällen zu genehmigen, in welchen den vorstehenden Bestimmungen versehentlich nicht völlig entsprochen worden ist. Die hiernach gewährten Vergünstigungen sind in das von den obersten Landesfinanzbehörden dem Reichskanzler behufs Vorlage an den Bundesrat alljährlich mitzuteilende Verzeichnis der aus Billigkeitsrücksichten auf gemeinschaftliche Rechnung bewilligten Zollerlasse aufzunehmen.

b) Wein zur Kognakbereitung.

§ 40.

Voraussetzungen für die zollbegünstigte Behandlung; Untersuchung auf den Weingeistgehalt.

(1) Zur Kognakbereitung bestimmte Weine in Fässern oder Kesselwagen mit einem Weingeistgehalte von nicht mehr als 20 Gewichtsteilen in 100 unterliegen, wenn sie einen anderen Zusatz als aus Wein gewonnenen Weingeist nicht enthalten und ihre Erzeugung in Tarifvertrags- oder meistbegünstigten Staaten außer Zweifel steht, dem ermäßigten Zollsatze von 10 Mark für 1 Doppelzentner, sofern sie

mit fein zerriebenem Kochsalz in Menge von 2 vom Hundert ihres Reingewichts amtlich ungenießbar gemacht (denaturiert) werden oder ihre Verwendung zur Kognakbereitung unter Erfüllung der in den §§ 41 bis 45 vorgeschriebenen Bedingungen stattfindet.

(2) Der Zollpflichtige hat durch Bescheinigungen der ausländischen Lieferer oder in anderer Weise (Vorlegung von Rechnungen, kaufmännischem Schriftwechsel oder dergleichen) glaubhaft darzutun, daß der Wein einen anderen Zusatz als aus Wein gewonnenen Weingeist nicht enthält.

(3) Die Untersuchung der zur Kognakbereitung bestimmten Weine auf den Weingeistgehalt ist durch die Zollstelle nach der in der Anlage 2 abgedruckten Anweisung vorzunehmen.

§ 41.

Einrichtung eines Teilungslagers.

(1) Wer Wein mit dem Anspruch auf den ermäßigten Zollsatz von 10 Mark zur Kognakbereitung zu verwenden beabsichtigt, hat — vorbehaltlich der in den §§ 40 (Denaturierung) und 45 zugelassenen Ausnahmen — um die Bewilligung eines Teilungslagers unter amtlichem Mitverschlusse (§ 1 Abs. 1 Ziffer 1 des Weinlagerregulativs) für Faßweine einzukommen.

(2) Das beantragte Weinteilungslager kann auch an Orten bewilligt werden, welche nicht der Sitz einer Zoll- oder Steuerstelle sind (§ 2 Abs. 1 des Privatlagerregulativs). Von dem im § 2 Abs. 2

des Weinlagerregulativs vorgeschriebenen Erfordernis eines regelmäßigen Lagerbestandes usw. darf Abstand genommen werden.

§ 42.

Beschränkung der Lagerung und der Verwendung.

(1) In das Teilungslager dürfen nur solche in Fässern oder Kesselwagen eingeführten Weine mit einem Weingeistgehalte von nicht mehr als 20 Gewichtsteilen in 100 aufgenommen werden, die einen anderen Zusatz als aus Wein gewonnenen Weingeist nicht enthalten und deren Erzeugung in Tarifvertrags- oder meistbegünstigten Staaten außer Zweifel steht.

(2) Die in das Teilungslager aufgenommenen Weine dürfen lediglich zur Kognakbereitung in der Gewerbsanstalt des Lagerinhabers verwendet werden. Jede anderweite Verwendung bedarf der nur ausnahmsweise zu erteilenden Genehmigung des zuständigen Hauptamts.

§ 43.

Überwachung der Verarbeitung.

(1) Die Verarbeitung des zur Kognakbereitung abgemeldeten Weines wird amtlich überwacht. Die Überwachung kann auf die Überführung des Weines auf das Brenngerät beschränkt werden, wenn nach den vorhandenen Anlagen ein sicherer Verschluß des Brenngeräts zu bewerkstelligen ist und kein Zweifel besteht, daß die Verarbeitung auf dem Brenngerät erfolgt, um Kognak zu gewinnen.

(2) In der Abmeldung ist die Beaufsichtigung der Überführung der betreffenden Weinmenge auf das Brenngerät und die Überwachung der Kognakbereitung oder der erfolgte Verschluß des Brenngeräts amtlich zu bescheinigen.

§ 44.

Steuerpflichtigkeit des Destillats.

Die weitere Behandlung des gewonnenen Kognaks erfolgt nach den gesetzlichen Vorschriften über die Besteuerung des Branntweins und den dazu erlassenen Ausführungsbestimmungen.

§ 45.

Verarbeitung ohne Teilungslager.

Wenn der Wein unmittelbar von der Zollstelle unter amtlicher Aufsicht in die Brennereiräume verbracht und dort sofort unter amtlicher Aufsicht verarbeitet werden soll, bedarf es der Einrichtung eines Teilungslagers nicht.

Gebühren.

§ 46.

Für die zollamtlichen Abfertigungen sowie für die Überwachung der Verwendung des Weines sind Gebühren nach Maßgabe der Zollgebührenordnung zu entrichten.

c) Anderer Wein und Most.

§ 47.

Die Untersuchung von anderem Weine und Moste der Tarifnummer 180, als Verschnittwein, Verschnittmost und Wein zur Kognakbereitung, auf den Weingeistgehalt ist von der Zollstelle nach der in der Anlage 3 abgedruckten Anweisung vorzunehmen, sofern sie nicht von der Untersuchungsstelle (§ 2 Abs. 2) mitbewirkt worden ist.

Anlage 1.

Anweisung für die zollamtliche Untersuchung von Verschnittwein und Verschnittmost auf den Weingeist- oder den Fruchtzucker- und den Extraktgehalt.

Die Untersuchung der Verschnittweine und Verschnittmoste hat sich auf die Ermittelung des Gehalts an Weingeist oder Zucker und an Extrakt zu erstrecken. Bei fertigem Weine (reinem vergorenen Traubensafte) kann von der Bestimmung des Zuckergehalts abgesehen werden.

1. Entnahme und Vorbereitung der Proben.

Die Proben für die Untersuchung sind, soweit nicht nach den bestehenden Bestimmungen Erleichterungen zulässig sind, aus jedem Kesselwagen oder aus mindestens der Hälfte der zu einer Sendung gehörigen Fässer zu entnehmen, und zwar mittels Stechhebers in einer Menge von je etwa 0,4 Liter. Eine Vermischung der Proben miteinander ist nicht zulässig, es muß vielmehr jede einzelne Probe für sich untersucht werden.

Die Proben sind von ihrem etwaigen Kohlensäuregehalte durch wiederholtes kräftiges Schütteln möglichst zu befreien und, wenn sie nicht klar erscheinen, demnächst durch ein doppeltes Faltenfilter von Papier zu filtrieren. Bei Mosten geht dem Filtrieren ein Durchseihen durch ein reines trockenes Tuch voraus. An diese Vorbereitung der Proben muß die eigentliche Untersuchung unmittelbar angeschlossen werden.

2. Ausführung der Untersuchung.

Soweit bei der Untersuchung Spindelungen stattfinden, sind die in den „Tafeln zur zollamtlichen Abfertigung von Verschnittweinen und Verschnittmosten" enthaltenen Vorschriften maßgebend.

Die Untersuchung umfaßt

a) die Spindelung der Probe,

b) die Destillation der Probe und die Spindelung des Destillats,

c) die Titrierung der Probe mit Fehlingscher Lösung.

Die bei der zollamtlichen Untersuchung zu benutzenden Geräte (Alkoholometer, Saccharimeter, Meßzylinder, Meßkolben, Büretten usw.) sind von der Normal-Eichungs-Kommission zu beziehen.

Die Titrierung (Ziffer 2c) erfolgt nur dann, wenn der Zuckergehalt der Flüssigkeit bestimmt werden soll.

a) Spindelung der Probe.

Nachdem die Probe nach Ziffer 1 vorbereitet ist, wird zunächst die Spindelung derselben nach Maßgabe des § 1 der den Tafeln vorgedruckten Anleitung vorgenommen.

Als Spindeln dienen Alkoholometer oder Sacharimeter, je nachdem die Probe eine geringere oder größere Dichte hat als Wasser. Als Standglas benutzt man das der in Anlage 2 zur Alkoholermittelungsordnung vorgeschriebenen Brennvorrichtung beigegebene Meßglas.

b) Destillation der Probe und Spindelung des Destillats.

Demnächst erfolgt die Destillation eines Teiles der Probe nach Maßgabe der Vorschriften in der Alkoholermittelungsordnung (§ 16 und Anlage 2 dazu). Dabei kommen jedoch der Zusatz von Salz, die starke Verdünnung und das Durchschütteln in der hierzu dienenden Bürette vor der Destillation in Wegfall. Vielmehr wird in folgender Weise verfahren: Man mißt von der Probe in dem Meßglas 100 ccm ab, gießt diese in den Siedekolben, füllt etwa die Hälfte des Meßglases mit Wasser nach, fügt eine Messerspitze Tannin hinzu und destilliert. Nachdem das Destillat nahezu die Marke des als Vorlage dienenden Meßglases erreicht hat und genau bis zu dieser Marke mit Wasser aufgefüllt ist, wird gehörig umgeschüttelt und die Spindelung mittels des Alkoholometers vorgenommen (§ 1 der den Tafeln vorgedruckten Anleitung).

c) Titrierung mit Fehlingscher Lösung.

Nach erfolgter Destillation und Spindelung des Destillats wird bei Mosten stets, bei Weinen nur, wenn es aus besonderen Gründen notwendig erscheint (z. B. wenn es zweifelhaft ist, ob der Wein vollständig vergoren ist), zur Bestimmung des Zuckergehalts durch Titrierung der Probe mit Fehlingscher Lösung geschritten. Hierzu wird der bei der Destillation nicht verwendete Teil der Probe benutzt. Da nur dann ein hinreichend genaues Ergebnis erzielt werden kann, wenn die Flüssigkeit nicht mehr als 1 vom Hundert Zucker enthält, so ist nötigenfalls der zur Titrierung bestimmte Teil der Probe vorher zu verdünnen. Einen Anhalt für den Grad der vorzunehmenden Verdünnung liefert die Menge des Gesamtextrakts (einschließlich allen Zuckers). Diese Menge ist nach Ziffer 3c zu berechnen. Die Berechnung muß daher vor der Bestimmung des Zuckergehalts vorgenommen werden. Die Verhältniszahl für die Verdünnung, das ist die Zahl, welche angibt, wie weit die Verdünnung vorgenommen werden muß, ergibt sich, wenn man von der berechneten und nach oben auf ganze Einheiten abgerundeten Zahl für den Gesamtextrakt 3 abzieht. Enthält die Probe beispielsweise 10,8 vom Hundert, also abgerundet 11 vom Hundert Gesamtextrakt, so ist sie mit Wasser auf die 11 weniger 3, also 8fache Raummenge in der nachstehend beschriebenen Weise zu verdünnen.

Die Verdünnung wird in Verbindung mit dem Eindampfen (zum Zwecke der Entfernung des Weingeistes) und Entfärben vorgenommen. Man füllt von der Probe in eine gehörig gereinigte und getrocknete oder mit der zu untersuchenden Flüssigkeit ausgespülte Bürette so viel, daß die Flüssigkeit einige Zentimeter über der obersten mit 0 bezeichneten Marke steht, und läßt durch den Hahn in das ursprüngliche Gefäß wieder so viel ab, bis der untere Rand der Flüssigkeitsoberfläche diese Marke 0 genau erreicht. Aus der Bürette läßt man dann so viel Kubikzentimeter der eingefüllten Probe in eine etwa 150 ccm fassende Porzellanschale fließen, als die Teilung von 100 durch die Verhältniszahl für die Verdünnung angibt, in obigem Beispiel $\frac{100}{8} = 12{,}5$ ccm. Faßt die Bürette von der 0-Marke ab nicht die hiernach erforderliche Menge Flüssigkeit, so wird sie so oft in der vorbeschriebenen Weise gefüllt und entleert, als nötig ist, um die erforderliche Anzahl Kubikzentimeter in die Schale zu bringen.

Beträgt die Verhältniszahl mehr als 2, so ist in die Schale so viel Wasser nachzufüllen, bis die Gesamtmenge der Flüssigkeit nahezu 50 ccm erreicht hat, in obigem Beispiel also 37,5 ccm.

Nun stellt man die Schale auf ein siedendes Wasserbad und fügt, je nach der Menge und Färbung der Flüssigkeit, eine oder mehrere Messerspitzen gepulverte, möglichst kalkfreie Tierkohle hinzu, um die rote Farbe der Flüssigkeit vollständig zu beseitigen. Dann wird bis auf etwa $^{1}/_{3}$ eingedampft unter häufigem vorsichtigem Umrühren mit einem Glasstabe, welcher während des Eindampfens in der Schale verbleiben muß. Hierauf setzt man etwa 10 ccm heißes Wasser hinzu, rührt um und filtriert, indem man die Flüssigkeit den Glasstab entlang auf das Filter gießt, in ein mit einer Marke versehenes 100 ccm fassendes Meßkölbchen. Dann spült man die Schale zur Gewinnung des Restes und zum Auslaugen der Tierkohle mehrmals mit geringen Mengen kochend heißen Wassers aus, gießt dieses an dem Glasstabe jedesmal auf das Filter, so lange fortfahrend, bis das untergestellte Kölbchen nahezu bis zur Marke gefüllt ist, und läßt die Flüssigkeit erkalten. Um die Flüssigkeit abzukühlen, stellt man das Kölbchen in ein mit Wasser von 14 bis 15° C gefülltes geräumiges Gefäß, wobei zu beachten ist, daß das Wasser bis zur Marke des Kölbchens reicht. Nach 15 bis 20 Minuten füllt man das Kölbchen mit kaltem Wasser genau bis zur Marke auf, schüttelt mehrmals durch und beschickt mit der Flüssigkeit die inzwischen gereinigte und getrocknete Bürette in der vorher beschriebenen Weise. Hierauf gibt man aus einer mit Seignettesalz-Natronlauge und einer anderen mit Kupfervitriollösung (den beiden Teilen der Fehlingschen Lösung) gefüllten Bürette je 5 ccm in einen Kochkolben von etwa 0,2 Liter Inhalt. Nach Zusatz von etwa 40 ccm Wasser erhitzt man zum Sieden und läßt die verdünnte Zuckerlösung aus der Bürette in die heiße Mischung in der Weise fließen, daß anfangs einige Kubikzentimeter auf einmal hineingelangen, später der Zufluß nur in einzelnen Tropfen erfolgt. Der Zusatz in Tropfen beginnt, sobald die ursprünglich dunkelblaue Farbe der Mischung beim Kochen in ein helles Blau übergeht. Sollte die erstmalige Füllung der Bürette hierzu nicht hinreichen, so sind weitere Füllungen vorzunehmen. Nach dem Zusatz eines jeden Tropfens wird bis zum Aufkochen erhitzt und die Farbe der Mischung durch Betrachten gegen einen weißen Untergrund beobachtet. Ist die blaue Farbe eben nicht mehr erkennbar, so liest man an der Teilung der Bürette die Anzahl der verbrauchten Kubikzentimeter Zuckerlösung bis auf 0,1 ccm genau ab.

3. Berechnung der Ergebnisse.

Die Berechnung der Ergebnisse erfolgt mit Hilfe der in Ziffer 2 Abs. 1 erwähnten Tafeln nach Maßgabe der folgenden Bestimmungen:

a) Die wahren Alkoholometerangaben sowohl der Probe als auch des Destillats werden aus Tafel 1 entnommen. War zur Spindelung der Probe ein Saccharimeter erforderlich, so werden die wahren Saccharimeterangaben gemäß § 2 Ziffer 2 der Anleitung ermittelt.

b) Die in 100 Gewichtsteilen der Probe (Wein oder Most) enthaltenen Gewichtsteile Weingeist werden aus der Tafel 1a oder 1b entnommen, je nachdem zur Spindelung der Probe ein Alkoholometer oder ein Saccharimeter erforderlich war.

c) Aus den Tafeln 2 und 3 entnimmt man mit Hilfe der wahren Alkoholometer- oder Saccharimeterangabe der Probe und der wahren Alkoholometerangabe des Destillats (Ziffer 1) den Gesamtextraktgehalt (einschließlich allen Zuckers).

d) Der Zuckergehalt ist aus der Verhältniszahl für die vorgenommene Verdünnung und der Zahl der bei der Titrierung verbrauchten Kubikzentimeter Zuckerlösung aus Tafel 4 zu entnehmen.

Beträgt die nach d ermittelte Zahl für den Zuckergehalt nicht mehr als 2,5 g im Liter, so geben die nach b und c ermittelten Zahlen bereits den ganzen Weingeistgehalt und den eigentlichen Gehalt an trockenem Extrakte. Beträgt die Zahl für den Zuckergehalt mehr als 2,5, so zieht man zunächst 2,5 davon ab. Der so verbleibende Überschuß wird von der nach c ermittelten Zahl für den Gesamtextrakt in Abzug gebracht; man bekommt dadurch den eigentlichen Extraktgehalt, d. h. den Gehalt an Gesamtextrakt ausschließlich der 2,5 g im Liter übersteigenden Zuckermenge. Ferner entnimmt man mit demselben Überschuß aus der Tafel 5 den entsprechenden Weingeistgehalt und zählt diesen zu dem nach b ermittelten Weingeistgehalte der Probe hinzu; man erhält dadurch den ganzen Weingeistgehalt des dem untersuchten Most oder unvollständig vergorenen Weine entsprechenden fertigen Weines.

Sobald der ganze Weingeistgehalt mindestens 9,5 und höchstens 20 Gewichtsteile in 100 und der eigentliche Gehalt an trockenem Extrakte mindestens 28 g im Liter Flüssigkeit beträgt, darf der Wein oder Most zum Verschneiden gegen Entrichtung des ermäßigten Zollsatzes von 15 ℳ für 1 dz zugelassen werden.

Anlage 2.

Anweisung für die zollamtliche Untersuchung von Wein zur Kognakbereitung auf den Weingeistgehalt.

1. Entnahme und Vorbereitung der Proben.

Aus jedem Kesselwagen oder aus mindestens der Hälfte der zu einer Sendung gehörigen Fässer sind mittels Stechhebers Proben in einer Menge von je etwa 0,4 Liter zu entnehmen.

Die Proben sind von ihrem etwaigen Kohlensäuregehalte durch wiederholtes kräftiges Schütteln möglichst zu befreien und, wenn sie nicht klar erscheinen, demnächst durch ein doppeltes Faltenfilter von Papier zu filtrieren. An diese Vorbereitung der Proben muß die eigentliche Untersuchung unmittelbar angeschlossen werden.

2. Ausführung der Untersuchung.

a) Spindelung der Proben und deren Vereinigung zu Mischproben.

Als Spindeln dienen zwei Alkoholometer und zwei Saccharimeter. Die Alkoholometer haben eine Teilung nach 0,2 Gewichtsteilen in Hundert und umfassen 0 bis 12 und 10 bis 22 Gewichtsteile. Die Saccharimeter haben ebenfalls eine Teilung nach 0,2 Gewichtsteilen und umfassen 0 bis 16 und 15 bis 31 Gewichtsteile. Die Wärmeskalen der vier Geräte reichen von 10 bis 20 Grad des hundertteiligen Thermometers und sind nach 0,5 Wärmegraden geteilt. Die Geräte müssen amtlich beglaubigt sein.

Jede Probe ist für sich zu spindeln. Die Spindelung wird in dem der amtlichen Brennvorrichtung (Alkoholermittelungsordnung Anlage 2) beigegebenen Meßglase vorgenommen und geschieht mit einem der beiden Alkoholometer, falls die Dichte der Proben geringer, dagegen mit einem der beiden Saccharimeter, falls die Dichte größer ist als diejenige des Wassers, was sich beim probeweisen Einsenken der Geräte ergibt. Das weitere Verfahren richtet sich nach § 1 Ziff. 2 und 3 der den „Tafeln zur zollamtlichen Abfertigung von Verschnittweinen und Verschnittmosten" vorgedruckten Anleitung.

Die Spindelung hat nur den Zweck, die Gleichartigkeit der Proben festzustellen. Die Ermittelung der wahren Alkoholometer- oder Saccharimeterangaben kann daher unterbleiben, wenn bei der Spindelung dieselben Wärmegrade ermittelt wurden. In diesem Falle können die scheinbaren Alkoholometer- oder Saccharimeterangaben der Proben verglichen werden. Andernfalls müssen von denjenigen Proben, die nicht eine Wärme von 15° C hatten, die wahren Alkoholometer- oder Saccharimeterangaben ermittelt werden. Geschah die Spindelung mit einem Alkoholometer, so ist dazu Tafel 1 der „Tafeln zur zollamtlichen Abfertigung von Verschnittweinen und Verschnittmosten“ zu benutzen. Geschah die Spindelung mit einem Saccharimeter, so ist nach § 2 Ziff. 2 der diesen Tafeln vorgedruckten Anleitung zu verfahren.

Ergibt sich zwischen sämtlichen gespindelten Proben keine größere Abweichung als 2 vom Hundert, so sind bis zu 25 Proben aus einer gleichen Anzahl nahezu gleich großer Fässer in einer Menge von je 100 ccm unter gutem Durchrühren zu je einer Mischprobe zu vereinigen. Andernfalls sind diejenigen Proben, die sich voneinander um nicht mehr als 2 vom Hundert unterscheiden, in der Reihenfolge, die sich aus den gefundenen Alkoholometer- oder Saccharimeterangaben, von den niedrigsten anfangend, ergibt, in einer Menge von je 100 ccm unter gutem Durchrühren bis zu 25 zu je einer Mischprobe zu vereinigen.

Diese Mischproben sowie die bei der Vereinigung etwa übriggebliebenen Einzelproben sind alsdann jede für sich auf ihren Weingeistgehalt nach folgender Anweisung zu untersuchen.

b) Destillation der Misch- und Einzelproben und Spindelung der Destillate.

Die Destillation wird nach Anlage 2 zur Alkoholermittelungsordnung vorgenommen.

Von jeder Mischprobe und jeder etwa übriggebliebenen Einzelprobe werden je 100 g in einem dünnwandigen Glaskolben von etwa 100 ccm Rauminhalt genau abgewogen und in den Siedekolben F entleert. Der Glaskolben wird mit etwa 50 g, bei Proben, die mit dem Saccharimeter gespindelt wurden, mit 80 bis 100 g destilliertem Wasser nachgespült, das Spülwasser ebenfalls in den Siedekolben F gegossen und eine Messerspitze Tannin hinzugefügt.

Alsdann wird die Probe destilliert, wobei ein vorher in trockenem Zustande gewogener, dünnwandiger Glaskolben als Vorlage dient, an welchem am unteren Teile des Halses bei 100 ccm Inhalt eine Marke angebracht ist.

Sobald der Flüssigkeitsspiegel des Destillats etwa 1 bis 2 mm unterhalb der Marke an der Vorlage steht, wird die Destillation unterbrochen, die Vorlage auf die Wage gebracht und vorsichtig tropfenweise mittels einer Pipette so viel Wasser zugegeben, daß das Gewicht des Destillats genau 100 g beträgt. Wird hierbei oder schon bei der Destillation das

Gewicht von 100 g überschritten, so ist das Destillat zu verwerfen und eine neue Destillation vorzunehmen.

Sodann wird die Vorlage mit einem sauberen Kautschukstopfen verschlossen, der Inhalt durch Schütteln gut durchgemischt und dann so viel in das der amtlichen Brennvorrichtung beigegebene, völlig getrocknete Meßglas abgegossen, bis die Marke erreicht ist. Hierauf wird der Inhalt des Meßglases mit einem der beiden oben beschriebenen Alkoholometer bei einer Wärme von 13 bis 17° C gespindelt und die wahre Stärke des Destillats in der unter Ziffer 2a angegebenen Weise abgeleitet. Die so ermittelte Stärke ist der Weingeistgehalt der untersuchten Probe. Sinkt bei Innehaltung der vorgeschriebenen Wärmegrade das Aräometer von 10 bis 22 Gewichtsteilen in Hundert bis über den Skalenteilstrich 21,6 in das Destillat ein oder reicht die Tafel 1 nicht aus, so ist der Weingeistgehalt der Probe höher als 20 Gewichtsteile in Hundert.

Sind an Stelle der in der Anlage 2 zur Alkoholermittelungsordnung vorgeschriebenen Brennvorrichtung andere Brennvorrichtungen zugelassen, so können auch diese Brennvorrichtungen nebst Zubehör zu der in Ziffer 2 vorgesehenen Untersuchung benutzt werden.

3. Schlußbestimmung.

Überschreitet der Weingeistgehalt auch nur einer untersuchten Misch- oder Einzelprobe die in Betracht kommende Grenze und ist der Zollpflichtige mit der

Abfertigung der ganzen Sendung nach diesem Weingeistgehalte nicht einverstanden, so sind, soweit dies nicht schon geschehen ist, aus allen zu der Sendung gehörigen Gefäßen Proben zu entnehmen und nach Vorbereitung gemäß Ziffer 1 Abs. 2 einzeln in der in Ziffer 2b angegebenen Weise auf ihren Weingeistgehalt zu untersuchen. In diesem Falle sind die Zollgefälle für die innerhalb verschiedener Grenzen liegenden Teile der Sendung getrennt zu berechnen.

Anlage 2.

Anweisung für die zollamtliche Untersuchung von anderem Weine und Moste, als Verschnittwein, Verschnittmost und Wein zur Kognakbereitung, auf den Weingeistgehalt.

Die Untersuchung kann in unbedenklichen Fällen auf eine bloße Kostprobe, wobei der Wein oder Most möglichst Zimmerwärme haben soll, beschränkt werden, wenn sich durch das Kosten die Zugehörigkeit des Weines oder Mostes zu der in Betracht kommenden Zollstaffel mit Sicherheit beurteilen läßt und im Falle einer verbindlichen Erklärung der angemeldete Weingeistgehalt nicht in der Nähe der entscheidenden oberen Grenze liegt. Ist letzteres der Fall oder ist das Ergebnis der Kostprobe ein zweifelhaftes oder erhebt der Zollpflichtige gegen das Ergebnis der Kostprobe Einspruch oder handelt es sich um sehr süßen, um sehr sauren oder um verdorbenen Wein, so hat die Feststellung des Weingeistgehaltes durch Destillation und Spindelung des Destillats (Abs. 5) zu erfolgen. Bei Postsendungen darf die Abfertigung in unbedenklichen Fällen auch dann auf Grund einer Kostprobe bewirkt werden, wenn der angemeldete Weingeistgehalt in der Nähe der entscheidenden oberen Grenze liegt.

Beim Vorliegen einer verbindlichen Erklärung des Weingeistgehalts sind mindestens 5 vom Hundert der zu einer Sendung gehörigen Gefäße der Untersuchung (Kostprobe oder Destillation und Spindelung) zu unterwerfen. Liegt eine verbindliche Erklärung des Weingeistgehalts nicht vor, so ist die Untersuchung auf alle Gefäße zu erstrecken. Wird jedoch in letzterem Falle durch Vorlegung von Rechnungen usw. dargetan, daß es sich um Wein oder Most gleicher Art handelt, so kann die Untersuchung nach näherer Bestimmung des Amtsvorstandes auf einen Teil der Gefäße, jedoch nicht unter 10 vom Hundert, beschränkt werden.

Überschreitet bei den probeweise untersuchten Gefäßen der Weingeistgehalt der Flüssigkeit auch nur in einem Gefäße die in Betracht kommende Grenze, so sind auch die übrigen Gefäße auf den Weingeistgehalt der Flüssigkeit zu untersuchen.

Aus jedem der zu untersuchenden Gefäße sind mittels Stechhebers Proben zu entnehmen. Für die

Kostprobe ist nicht mehr Wein oder Most zu entnehmen, als für das Kosten unumgänglich notwendig ist. Für die Destillation und Spindelung des Destillats sind die Proben auf je etwa 1/4 Liter zu bemessen. Eine Vermischung der Proben miteinander ist nicht zulässig; jede einzelne Probe muß vielmehr für sich untersucht werden.

Die Destillation und Spindelung des Destillats ist in der unter Ziffer 2b der Anweisung für die zollamtliche Untersuchung von Wein zur Kognakbereitung auf den Weingeistgehalt (Anlage 2) angegebenen Weise vorzunehmen, nachdem zuvor die Proben durch wiederholtes kräftiges Schütteln von ihrem Kohlensäuregehalte möglichst befreit sind.

Gesetz, betreffend den Verkehr mit Nahrungsmitteln, Genußmitteln und Gebrauchsgegenständen.

Vom 14. Mai 1879. (RGBl. 1879 S. 145.)

§ 1. Der Verkehr mit Nahrungs- und Genußmitteln, sowie mit Spielwaren, Tapeten, Farben, Eß-, Trink- und Kochgeschirr und mit Petroleum unterliegt der Beaufsichtigung nach Maßgabe dieses Gesetzes.

§ 2. Die Beamten der Polizei sind befugt, in die Räumlichkeiten, in welchen Gegenstände der in § 1 bezeichneten Art feilgehalten werden, während der üblichen Geschäftsstunden, oder während die Räumlichkeiten dem Verkehr geöffnet sind, einzutreten.

Sie sind befugt, von den Gegenständen der in § 1 bezeichneten Art, welche in den angegebenen Räumlichkeiten sich befinden, oder welche an öffentlichen Orten, auf Märkten, Plätzen, Straßen oder im Umherziehen verkauft oder feilgehalten werden, nach ihrer Wahl Proben zum Zwecke der Untersuchung gegen Empfangsbescheinigung zu entnehmen. Auf Verlangen ist dem Besitzer ein Teil der Probe amtlich verschlossen oder versiegelt zurückzulassen. Für die entnommene Probe ist Entschädigung in Höhe des üblichen Kaufpreises zu leisten.

§ 3. Die Beamten der Polizei sind befugt, bei Personen, welche auf Grund der §§ 10, 12, 13 dieses Gesetzes zu einer Freiheitsstrafe verurteilt sind, in den Räumlichkeiten, in welchen Gegenstände der in § 1 bezeichneten Art feilgehalten werden, oder welche zur Aufbewahrung oder Herstellung solcher zum Verkaufe bestimmter Gegenstände dienen, während der in § 2 angegebenen Zeit Revisionen vorzunehmen.

Diese Befugnis beginnt mit der Rechtskraft des Urteils und erlischt mit dem Ablauf von drei Jahren von dem Tage an gerechnet, an welchem die Freiheitsstrafe verbüßt, verjährt oder erlassen ist.

§ 4. Die Zuständigkeit der Behörden und Beamten zu den in §§ 2 und 3 bezeichneten Maßnahmen richtet sich nach den einschlägigen landesrechtlichen Bestimmungen.

Landesrechtliche Bestimmungen, welche der Polizei weitergehende Befugnisse als die in §§ 2 und 3 bezeichneten geben, bleiben unberührt.

§ 5. Für das Reich können durch Kaiserliche Verordnung mit Zustimmung des Bundesrats zum Schutze der Gesundheit Vorschriften erlassen werden, welche verbieten:

1. bestimmte Arten der Herstellung, Aufbewahrung und Verpackung von Nahrungs- und Genußmitteln, die zum Verkaufe bestimmt sind;
2. das gewerbsmäßige Verkaufen und Feilhalten von Nahrungs- und Genußmitteln von einer bestimmten Beschaffenheit oder unter einer der wirklichen Beschaffenheit nicht entsprechenden Bezeichnung;
3. das Verkaufen und Feilhalten von Tieren, welche an bestimmten Krankheiten leiden, zum Zwecke des Schlachtens, sowie das Verkaufen und Feilhalten des Fleisches von Tieren, welche mit bestimmten Krankheiten behaftet waren;
4. die Verwendung bestimmter Stoffe und Farben zur Herstellung von Bekleidungsgegenständen, Spielwaren, Tapeten, Eß-, Trink- und Kochgeschirr, sowie das gewerbsmäßige Verkaufen und Feilhalten von Gegenständen, welche diesem Verbote zuwider hergestellt sind;
5. das gewerbsmäßige Verkaufen und Feilhalten von Petroleum von einer bestimmten Beschaffenheit.

§ 6. Für das Reich kann durch Kaiserliche Verordnung mit Zustimmung des Bundesrats das gewerbsmäßige Herstellen, Verkaufen und Feilhalten von Gegenständen, welche zur Fälschung von Nahrungs- oder Genußmitteln bestimmt sind, verboten oder beschränkt werden.

§ 7. Die auf Grund der §§ 5, 6 erlassenen Kaiserlichen Verordnungen sind dem Reichstag, sofern er versammelt ist, sofort, andernfalls bei dessen nächstem Zusammentreten vorzulegen. Dieselben sind außer Kraft zu setzen, soweit der Reichstag dies verlangt.

§ 8. Wer den auf Grund der §§ 5, 6 erlassenen Verordnungen zuwiderhandelt, wird mit Geldstrafe bis zu einhundertfünfzig Mark oder mit Haft bestraft.

Landesrechtliche Vorschriften dürfen eine höhere Strafe nicht androhen.

§ 9. Wer den Vorschriften der §§ 2—4 zuwider den Eintritt in die Räumlichkeiten, die Entnahme einer Probe oder die Revision verweigert, wird mit Geldstrafe von fünfzig bis zu einhundertfünfzig Mark oder mit Haft bestraft.

§ 10. Mit Gefängnis bis zu sechs Monaten und mit Geldstrafe bis zu eintausendfünfhundert Mark oder mit einer dieser Strafen wird bestraft:

1. wer zum Zwecke der Täuschung im Handel und Verkehr Nahrungs- oder Genußmittel nachmacht oder verfälscht;
2. wer wissentlich Nahrungs- oder Genußmittel, welche verdorben oder nachgemacht oder verfälscht sind, unter Verschweigung dieses Umstandes verkauft oder unter einer zur Täuschung geeigneten Bezeichnung feilhält.

§ 11. Ist die im § 10 Nr. 2 bezeichnete Handlung aus Fahrlässigkeit begangen worden, so tritt Geldstrafe bis zu einhundertfünfzig Mark oder Haft ein.

§ 12. Mit Gefängnis, neben welchem auf Verlust der bürgerlichen Ehrenrechte erkannt werden kann, wird bestraft:

1. wer vorsätzlich Gegenstände, welche bestimmt sind, anderen als Nahrungs- oder Genußmittel zu dienen,

derart herstellt, daß der Genuß derselben die menschliche Gesundheit zu beschädigen geeignet ist, ingleichen wer wissentlich Gegenstände, deren Genuß die menschliche Gesundheit zu beschädigen geeignet ist, als Nahrungs oder Genußmittel verkauft, feilhält oder sonst in Verkehr bringt;

2. wer vorsätzlich Bekleidungsgegenstände, Spielwaren, Tapeten, Eß-, Trink- oder Kochgeschirr oder Petroleum derart herstellt, daß der bestimmungsgemäße oder vorauszusehende Gebrauch dieser Gegenstände die menschliche Gesundheit zu beschädigen geeignet ist, ingleichen wer wissentlich solche Gegenstände verkauft, feilhält oder sonst in Verkehr bringt.

Der Versuch ist strafbar.

Ist durch die Handlung eine schwere Körperverletzung oder der Tod eines Menschen verursacht worden, so tritt Zuchthausstrafe bis zu fünf Jahren ein.

§ 13. War in den Fällen des § 12 der Genuß oder Gebrauch des Gegenstandes die menschliche Gesundheit zu zerstören geeignet und war diese Eigenschaft dem Täter bekannt, so tritt Zuchthausstrafe bis zu zehn Jahren, und wenn durch die Handlung der Tod eines Menschen verursacht worden ist, Zuchthausstrafe nicht unter zehn Jahren oder lebenslängliche Zuchthausstrafe ein.

Neben der Strafe kann auf Zulässigkeit von Polizeiaufsicht erkannt werden.

§ 14. Ist eine der in den §§ 12, 13 bezeichneten Handlungen aus Fahrlässigkeit begangen worden, so ist auf Geldstrafe bis eintausend Mark oder Gefängnisstrafe bis zu sechs Monaten und, wenn durch die Handlung ein Schaden an der Gesundheit eines Menschen verursacht worden ist, auf Gefängnisstrafe bis zu einem Jahre, wenn aber der Tod eines Menschen verursacht worden ist, auf Gefängnisstrafe von einem Monat bis zu drei Jahren zu erkennen.

§ 15. In den Fällen der §§ 12—14 ist neben der Strafe auf Einziehung der Gegenstände zu erkennen, welche den bezeichneten Vorschriften zuwider hergestellt, verkauft, feilgehalten oder sonst in Verkehr gebracht sind, ohne Unterschied, ob sie dem Verurteilten gehören oder nicht; in den Fällen der §§ 8, 10, 11 kann auf die Einziehung erkannt werden.

Ist in den Fällen der §§ 12—14 die Verfolgung oder die Verurteilung einer bestimmten Person nicht ausführbar, so kann auf die Einziehung selbständig erkannt werden.

§ 16.[1]) In dem Urteil oder dem Strafbefehl kann angeordnet werden, daß die Verurteilung auf Kosten des Schuldigen öffentlich bekannt zu machen sei.

Auf Antrag des freigesprochenen Angeschuldigten hat das Gericht die öffentliche Bekanntmachung der Freisprechung anzuordnen; die Staatskasse trägt die Kosten, insofern dieselben nicht dem Anzeigenden auferlegt worden sind.

In der Anordnung ist die Art der Bekanntmachung zu bestimmen.

Sofern infolge polizeilicher Untersuchung von Gegenständen der im § 1 bezeichneten Art eine rechtskräftige strafrechtliche Verurteilung eintritt, fallen dem Verurteilten die durch die polizeiliche Untersuchung erwachsenen Kosten zur Last. Dieselben sind zugleich mit den Kosten des gerichtlichen Verfahrens festzusetzen und einzuziehen.

§ 17. Besteht für den Ort der Tat eine öffentliche Anstalt zur technischen Untersuchung von Nahrungs- und Genußmitteln, so fallen die auf Grund dieses Gesetzes auferlegten Geldstrafen, soweit dieselben dem Staate zustehen, der Kasse zu, welche die Kosten der Unterhaltung der Anstalt trägt.

---

[1]) Absatz 4 ist durch Ges. vom 29. 6. 87 hinzugekommen.

Gesetz zum Schutz der Warenbezeichnungen.

Vom 12. Mai 1894. (RGBl. S. 290.)

§ 1. Wer in seinem Geschäftsbetriebe zur Unterscheidung seiner Waren von den Waren anderer eines Warenzeichens sich bedienen will, kann dieses Zeichen zur Eintragung in die Zeichenrolle anmelden.

§ 2. Die Zeichenrolle wird bei dem Patentamt geführt. Die Anmeldung eines Warenzeichens hat schriftlich bei dem Patentamt zu erfolgen. Jeder Anmeldung muß die Bezeichnung des Geschäftsbetriebes, in welchem das Zeichen verwendet werden soll, ein Verzeichnis der Waren, für welche es bestimmt ist, sowie eine deutliche Darstellung und soweit erforderlich eine Beschreibung des Zeichens beigefügt sein.

Das Patentamt erläßt Bestimmungen über die sonstigen Erfordernisse der Anmeldung.

Für jedes Zeichen ist bei der Anmeldung eine Gebühr von dreißig Mark, bei jeder Erneuerung der Anmeldung eine Gebühr von zehn Mark zu entrichten. Führt die erste Anmeldung nicht zur Eintragung, so werden von der Gebühr zwanzig Mark erstattet.

§ 3. Die Zeichenrolle soll enthalten:

1. den Zeitpunkt des Eingangs der Anmeldung;
2. die nach § 2 Abs. 1 der Anmeldung beizufügenden Angaben;
3. Namen und Wohnort des Zeicheninhabers und seines etwaigen Vertreters, sowie Änderungen in der Person, im Namen oder im Wohnorte des Inhabers oder des Vertreters;

4. den Zeitpunkt einer Erneuerung der Anmeldung;
5. den Zeitpunkt der Löschung des Zeichens.

Die Einsicht der Zeichenrolle steht jedermann frei.

Jede Eintragung und jede Löschung wird amtlich bekannt gemacht. Das Patentamt veröffentlicht in regelmäßiger Wiederholung Übersichten über die in der Zwischenzeit eingetragenen und gelöschten Zeichen.

§ 4. Die Eintragung in die Rolle ist zu versagen für Freizeichen sowie für Warenzeichen,

1. welche ausschließlich in Zahlen, Buchstaben oder solchen Wörtern bestehen, die Angaben über Art, Zeit und Ort der Herstellung, über die Beschaffenheit, über die Bestimmung, über Preis-, Mengen- oder Gewichtsverhältnisse der Ware enthalten;
2. welche in- oder ausländische Staatswappen oder Wappen eines inländischen Ortes, eines inländischen Gemeinde- oder weiteren Kommunalverbandes enthalten;
3. welche Ärgernis erregende Darstellungen oder solche Angaben enthalten, die ersichtlich den tatsächlichen Verhältnissen nicht entsprechen und die Gefahr einer Täuschung begründen.

Zeichen, welche gelöscht sind, dürfen für die Waren, für welche sie eingetragen waren, oder für gleichartige Waren zugunsten eines anderen, als des letzten Inhabers erst nach Ablauf von zwei Jahren seit dem Tage der Löschung von neuem eingetragen werden.

§ 5. Erachtet das Patentamt, daß ein zur Anmeldung gebrachtes Warenzeichen mit einem anderen, für dieselben oder für gleichartige Waren auf Grund des Gesetzes über Markenschutz vom 30. November 1874 (Reichs-Gesetzblatt S. 143) oder auf Grund des gegenwärtigen Gesetzes früher angemeldeten Zeichen übereinstimmt, so macht es dem Inhaber dieses Zeichens hiervon Mitteilung. Erhebt derselbe nicht innerhalb eines Monats nach der Zustellung Widerspruch gegen die Eintragung des neuangemeldeten Zeichens, so ist das Zeichen einzutragen. Im anderen Falle entscheidet das Patentamt durch Beschluß, ob die Zeichen übereinstimmen.

Aus dem Unterbleiben der im ersten Absatz vorgesehenen Mitteilung erwächst ein Ersatzanspruch nicht.

§ 6. Wird durch den Beschluß (§ 5 Abs. 1) die Übereinstimmung der Zeichen verneint, so ist das neuangemeldete Zeichen einzutragen.

Wird durch den Beschluß die Übereinstimmung der Zeichen festgestellt, so ist die Eintragung zu versagen. Sofern der Anmelder geltend machen will, daß ihm ungeachtet der durch die Entscheidung des Patentamts festgestellten Übereinstimmung ein Anspruch auf die Eintragung zustehe, hat er diesen Anspruch im Wege der Klage gegenüber dem Widersprechenden zur Anerkennung zu bringen. Die Eintragung auf Grund einer zu seinen Gunsten ergehenden Entscheidung wird unter dem Zeitpunkte der ursprünglichen Anmeldung bewirkt.

§ 7. Das durch die Anmeldung oder Eintragung eines Warenzeichens begründete Recht geht auf die Erben über und kann durch Vertrag oder durch Verfügung von Todes wegen auf andere übertragen werden. Das Recht kann jedoch nur mit dem Geschäftsbetriebe, zu welchem das Warenzeichen gehört, auf einen anderen übergehen. Der Übergang wird auf Antrag des Rechtsnachfolgers in der Zeichenrolle vermerkt, sofern die Einwilligung des Berechtigten in beweisender Form beigebracht wird. Ist der Berechtigte verstorben, so ist der Nachweis der Rechtsnachfolge zu führen.

Solange der Übergang in der Zeichenrolle nicht vermerkt ist, kann der Rechtsnachfolger sein Recht aus der Eintragung des Warenzeichens nicht geltend machen.

Verfügungen und Beschlüsse des Patentamts, welche einer Zustellung an den Inhaber des Zeichens bedürfen, sind stets an den eingetragenen Inhaber zu richten. Ergibt sich, daß derselbe verstorben ist, so kann das Patentamt nach seinem Ermessen die Zustellung als bewirkt ansehen oder zum Zweck der Zustellung an die Erben deren Ermittelung veranlassen.

§ 8. Auf Antrag des Inhabers wird das Zeichen jederzeit in der Rolle gelöscht.

Von Amts wegen erfolgt die Löschung:

1. wenn seit der Anmeldung des Zeichens oder seit ihrer Erneuerung zehn Jahre verflossen sind;
2. wenn die Eintragung des Zeichens hätte versagt werden müssen.

Soll die Löschung ohne Antrag des Inhabers erfolgen, so gibt das Patentamt diesem zuvor Nachricht. Widerspricht er innerhalb eines Monats nach der Zustellung nicht, so erfolgt die Löschung. Widerspricht er, so faßt das Patentamt Beschluß. Soll infolge Ablaufs der zehnjährigen Frist die Löschung erfolgen, so ist von derselben abzusehen, wenn der Inhaber des Zeichens bis zum Ablauf eines Monats nach der Zustellung unter Zahlung einer Gebühr von zehn Mark neben der Erneuerungsgebühr die Erneuerung der Anmeldung nachholt; die Erneuerung gilt dann als an dem Tage des Ablaufs der früheren Frist geschehen.

§ 9. Ein Dritter kann die Löschung eines Warenzeichens beantragen:

1. wenn das Zeichen für ihn auf Grund einer früheren Anmeldung für dieselben oder für gleichartige Waren in der Zeichenrolle oder in den nach Maßgabe des Gesetzes über den Markenschutz vom 30. November 1874 geführten Zeichenregistern eingetragen steht;
2. wenn der Geschäftsbetrieb, zu welchem das Warenzeichen gehört, von dem eingetragenen Inhaber nicht mehr fortgesetzt wird;
3. wenn Umstände vorliegen, aus denen sich ergibt, daß der Inhalt des Warenzeichens den tatsächlichen Ver-

hältnissen nicht entspricht und die Gefahr einer Täuschung begründet.

Hat ein nach dem Gesetze über Markenschutz vom 30. November 1874 von der Eintragung ausgeschlossenes Warenzeichen bis zum Erlaß des gegenwärtigen Gesetzes innerhalb beteiligter Verkehrskreise als Kennzeichen der Waren eines bestimmten Geschäftsbetriebes gegolten, so kann der Inhaber des letzteren, falls das Zeichen nach Maßgabe des gegenwärtigen Gesetzes für einen anderen in die Zeichenrolle eingetragen wird, bis zum 1. Oktober 1895 die Löschung beantragen. Wird dem Antrage stattgegeben, so darf das Zeichen für den Antragsteller schon vor Ablauf der im § 4 Abs. 2 bestimmten Frist in die Zeichenrolle eingetragen werden.

Der Antrag auf Löschung ist im Wege der Klage geltend zu machen und gegen den eingetragenen Inhaber oder, wenn dieser gestorben, gegen dessen Erben zu richten.

Hat vor oder nach Erhebung der Klage ein Übergang des Warenzeichens auf einen anderen stattgefunden, so ist die Entscheidung in Ansehung der Sache auch gegen den Rechtsnachfolger wirksam und vollstreckbar. Auf die Befugnis des Rechtsnachfolgers, in den Rechtsstreit einzutreten, finden die Bestimmungen der §§ 63 bis 66 und 73 der Zivilprozeßordnung entsprechende Anwendung.

In den Fällen des Abs. 1 Nr. 2 kann der Antrag auf Löschung zunächst bei dem Patentamt angebracht werden. Das Patentamt gibt dem als Inhaber des Warenzeichens Eingetragenen davon Nachricht. Widerspricht derselbe innerhalb eines Monats nach der Zustellung nicht, so erfolgt die Löschung. Widerspricht er, so wird dem Antragsteller anheimgegeben, den Anspruch auf Löschung im Wege der Klage zu verfolgen.

§ 10. Anmeldungen von Warenzeichen, Anträge auf Übertragung und Widersprüche gegen die Löschung derselben werden in dem für Patentangelegenheiten maßgebenden

Verfahren durch Vorbescheid und Beschluß erledigt. In den Fällen des § 5 Abs. 1 wird ein Vorbescheid nicht erlassen.

Gegen den Beschluß, durch welchen ein Antrag zurückgewiesen wird, kann der Antragsteller, und gegen den Beschluß, durch welchen Widerspruchs ungeachtet die Löschung angeordnet wird, der Inhaber des Zeichens innerhalb eines Monats nach der Zustellung bei dem Patentamt Beschwerde einlegen.

Zustellungen, welche die Eintragung, die Übertragung oder die Löschung eines Warenzeichens betreffen, erfolgen mittels eingeschriebenen Briefes. Kann eine Zustellung im Inlande nicht erfolgen, so wird sie durch Aufgabe zur Post nach Maßgabe der §§ 161, 175 der Zivilprozeßordnung bewirkt.

§ 11. Das Patentamt ist verpflichtet, auf Ersuchen der Gerichte über Fragen, welche eingetragene Warenzeichen betreffen, Gutachten abzugeben, sofern in dem gerichtlichen Verfahren von einander abweichende Gutachten mehrerer Sachverständigen vorliegen.

§ 12. Die Eintragung eines Warenzeichens hat die Wirkung, daß dem Eingetragenen ausschließlich das Recht zusteht, Waren der angemeldeten Art oder deren Verpackung oder Umhüllung mit dem Warenzeichen zu versehen, die so bezeichneten Waren in Verkehr zu setzen, sowie auf Ankündigungen, Preislisten, Geschäftsbriefen, Empfehlungen, Rechnungen oder dergleichen das Zeichen anzubringen.

Im Falle der Löschung können für die Zeit, in welcher ein Rechtsgrund für die Löschung früher bereits vorgelegen hat, Rechte aus der Eintragung nicht mehr geltend gemacht werden.

§ 13. Durch die Eintragung eines Warenzeichens wird niemand gehindert, seinen Namen, seine Firma, seine Wohnung, sowie Angaben über Art, Zeit und Ort der Herstellung, über die Beschaffenheit, über die Bestimmung, über Preis-, Mengen oder Gewichtsverhältnisse von Waren, sei es auch in abgekürzter Gestalt, auf Waren, auf deren Verpackung oder Umhüllung anzubringen und derartige Angaben im Geschäftsverkehr zu gebrauchen.

§ 14. Wer wissentlich oder aus grober Fahrlässigkeit Waren oder deren Verpackung oder Umhüllung, oder Ankündigungen, Preislisten, Geschäftsbriefe, Empfehlungen, Rechnungen oder dergleichen mit dem Namen oder der Firma eines anderen oder mit einem nach Maßgabe dieses Gesetzes geschützten Warenzeichen widerrechtlich versieht oder dergleichen widerrechtlich gekennzeichnete Waren in Verkehr bringt oder feilhält, ist dem Verletzten zur Entschädigung verpflichtet.

Hat er die Handlung wissentlich begangen, so wird er außerdem mit Geldstrafe von einhundertfünfzig bis fünftausend Mark oder mit Gefängnis bis zu sechs Monaten bestraft. Die Strafverfolgung tritt nur auf Antrag ein. Die Zurücknahme des Antrages ist zulässig.

§ 15. Wer zum Zweck der Täuschung in Handel und Verkehr Waren oder deren Verpackung oder Umhüllung, oder Ankündigungen, Preislisten, Geschäftsbriefe, Empfehlungen, Rechnungen oder dergleichen mit einer Ausstattung, welche innerhalb beteiligter Verkehrskreise als Kennzeichen gleichartiger Waren eines anderen gilt, ohne dessen Genehmigung versieht, oder wer zu dem gleichen Zweck derartig gekennzeichnete Waren in Verkehr bringt oder feilhält, ist dem Verletzten zur Entschädigung verpflichtet und wird mit Geldstrafe von einhundert bis dreitausend Mark oder mit Gefängnis bis zu drei Monaten bestraft. Die Strafverfolgung tritt nur auf Antrag ein. Die Zurücknahme des Antrages ist zulässig.

§ 16. Wer Waren oder deren Verpackung oder Umhüllung oder Ankündigungen, Preislisten, Geschäftsbriefe, Empfehlungen, Rechnungen oder dergleichen fälschlich mit einem Staatswappen oder mit dem Namen oder Wappen eines Ortes, eines Gemeinde- oder weiteren Kommunalverbandes zu dem Zweck versieht, über Beschaffenheit und Wert der Waren einen Irrtum zu erregen, oder wer zu dem gleichen Zweck derartig bezeichnete Waren in Verkehr bringt oder feilhält, wird mit Geldstrafe von einhundertfünfzig bis fünftausend Mark oder mit Gefängnis bis zu sechs Monaten bestraft.

Die Verwendung von Namen, welche nach Handelsgebrauch zur Benennung gewisser Waren dienen, ohne deren Herkunft bezeichnen zu sollen, fällt unter diese Bestimmung nicht.

§ 17. Ausländische Waren, welche mit einer deutschen Firma und Ortsbezeichnung, oder mit einem in die Zeichenrolle eingetragenen Warenzeichen widerrechtlich versehen sind, unterliegen bei ihrem Eingang nach Deutschland zur Einfuhr oder Durchfuhr auf Antrag des Verletzten und gegen Sicherheitsleistung der Beschlagnahme und Einziehung. Die Beschlagnahme erfolgt durch die Zoll- und Steuerbehörden, die Festsetzung der Einziehung durch Strafbescheid der Verwaltungsbehörden (§ 459 der Strafprozeßordnung).

§ 18. Statt jeder aus diesem Gesetze entspringenden Entschädigung kann auf Verlangen des Beschädigten neben der Strafe auf eine an ihn zu erlegende Buße bis zum Betrage von zehntausend Mark erkannt werden. Für diese Buße haften die zu derselben Verurteilten als Gesamtschuldner.

Eine erkannte Buße schließt die Geltendmachung eines weiteren Entschädigungsanspruchs aus.

§ 19. Erfogt eine Verurteilung auf Grund der §§ 14 bis 16, 18, so ist bezüglich der im Besitz des Verurteilten befindlichen Gegenstände auf Beseitigung der widerrechtlichen Kennzeichnung, oder, wenn die Beseitigung in anderer Weise nicht möglich ist, auf Vernichtung der damit versehenen Gegenstände zu erkennen.

Erfolgt die Verurteilung im Strafverfahren, so ist in den Fällen der §§ 14 und 15 dem Verletzten die Befugnis zuzusprechen, die Verurteilung auf Kosten des Verurteilten öffentlich bekannt zu machen. Die Art der Bekanntmachung sowie die Frist zu derselben ist in dem Urteil zu bestimmen.

§ 20. Die Anwendung der Bestimmungen dieses Gesetzes wird durch Abweichungen nicht ausgeschlossen, mit denen fremde Namen, Firmen, Zeichen, Wappen und sonstige Kennzeichnungen von Waren wiedergegeben werden, sofern ungeachtet dieser Abweichungen die Gefahr einer Verwechselung im Verkehr vorliegt.

§ 21. In bürgerlichen Rechtsstreitigkeiten, in welchen durch Klage oder Widerklage ein Anspruch auf Grund dieses Gesetzes geltend gemacht ist, wird die Verhandlung und Entscheidung letzter Instanz im Sinne des § 8 des Einführungsgesetzes zum Gerichtsverfassungsgesetze dem Reichsgericht zugewiesen.

§ 22. Wenn deutsche Waren im Auslande bei der Einfuhr oder Durchfuhr der Verpflichtung unterliegen, eine Bezeichnung zu tragen, welche ihre deutsche Herkunft erkennen läßt, oder wenn dieselben bei der Zollabfertigung in Beziehung auf die Warenbezeichnungen ungünstiger als die Waren anderer Länder behandelt werden, so ist der Bundesrat ermächtigt, den fremden Waren bei ihrem Eingang nach Deutschland zur Einfuhr oder Durchfuhr eine entsprechende Auflage zu machen und anzuordnen, daß für den Fall der Zuwiderhandlung die Beschlagnahme und Einziehung der Waren erfolge. Die Beschlagnahme erfolgt durch die Zoll- und Steuerbehörden, die Festsetzung der Einziehung durch Strafbescheid der Verwaltungsbehörden (§ 459 der Strafprozeßordnung).

§ 23. Wer im Inlande eine Niederlassung nicht besitzt, hat auf den Schutz dieses Gesetzes nur Anspruch, wenn in dem Staate, in welchem seine Niederlassung sich befindet, nach einer im Reichs-Gesetzblatt enthaltenen Bekanntmachung deutsche Warenbezeichnungen in gleichem Umfange wie inländische Warenbezeichnungen zum gesetzlichen Schutz zugelassen werden.

Der Anspruch auf Schutz eines Warenzeichens und das durch die Eintragung begründete Recht können nur durch einen im Inlande bestellten Vertreter geltend gemacht werden. Der letztere ist zur Vertretung in dem nach Maßgabe dieses Gesetzes vor dem Patentamt stattfindenden Verfahren, sowie in den das Zeichen betreffenden bürgerlichen Rechtsstreitigkeiten und zur Stellung von Strafanträgen befugt. Für die das Zeichen betreffenden Klagen gegen den eingetragenen Inhaber ist das Gericht zuständig, in dessen Bezirk der Vertreter seinen Wohnsitz hat, in dessen Ermangelung das Gericht, in dessen Bezirk das Patentamt seinen Sitz hat.

Wer ein ausländisches Warenzeichen zur Anmeldung bringt, hat damit den Nachweis zu verbinden, daß er in dem Staate, in welchem seine Niederlassung sich befindet, für dieses Zeichen den Markenschutz nachgesucht und erhalten hat. Die Eintragung ist, soweit nicht Staatsverträge ein anderes bestimmen, nur dann zulässig, wenn das Zeichen den Anforderungen dieses Gesetzes entspricht.

§ 24. Auf die in Gemäßheit des Gesetzes über Markenschutz vom 30. November 1874 in die Zeichenregister eingetragenen Warenzeichen finden bis zum 1. Oktober 1898 die Bestimmungen jenes Gesetzes noch ferner Anwendung. Die Zeichen können bis zum 1. Oktober 1898 jederzeit zur Eintragung in die Zeichenrolle nach Maßgabe des gegenwärtigen Gesetzes angemeldet werden und unterliegen alsdann dessen Bestimmungen. Die Eintragung darf nicht versagt werden hinsichtlich derjenigen Zeichen, welche auf Grund eines älteren landesgesetzlichen Schutzes in die Zeichenregister eingetragen worden sind. Die Eintragung geschieht unentgeltlich und unter dem Zeitpunkte der ersten Anmeldung. Über den Inhalt der ersten Eintragung ist ein Zeugnis der bisherigen Registerbehörde beizubringen.

Mit der Eintragung in die Zeichenrolle oder, sofern eine solche nicht erfolgt ist, mit dem 1. Oktober 1898 erlischt der den Warenzeichen bis dahin gewährte Schutz.

§ 25. Die zur Ausführung dieses Gesetzes erforderlichen Bestimmungen über die Einrichtung und den Geschäftsgang des Patentamts, sowie über das Verfahren vor demselben werden durch Kaiserliche Verordnung unter Zustimmung des Bundesrats getroffen.

§ 26. Dieses Gesetz tritt mit dem 1. Oktober 1894 in Kraft.

Von dem gleichen Zeitpunkte ab werden Anmeldungen von Warenzeichen auf Grund des Gesetzes über Markenschutz vom 30. November 1874 nicht mehr angenommen.

Gesetz gegen den unlauteren Wettbewerb.

Vom 7. Juni 1909 (RGBl. S. 499).

---

§ 1. Wer im geschäftlichen Verkehre zu Zwecken des Wettbewerbes Handlungen vornimmt, die gegen die guten Sitten verstoßen, kann auf Unterlassung und Schadensersatz in Anspruch genommen werden.

§ 2. Unter Waren im Sinne dieses Gesetzes sind auch landwirtschaftliche Erzeugnisse, unter gewerblichen Leistungen und Interessen auch landwirtschaftliche zu verstehen.

§ 3. Wer in öffentlichen Bekanntmachungen oder in Mitteilungen, die für einen größeren Kreis von Personen bestimmt sind, über geschäftliche Verhältnisse, insbesondere über die Beschaffenheit, den Ursprung, die Herstellungsart oder die Preisbemessung von Waren oder gewerblichen Leistungen, über die Art des Bezugs oder die Bezugsquelle von Waren, über den Besitz von Auszeichnungen, über den Anlaß oder den Zweck des Verkaufs oder über die Menge der Vorräte unrichtige Angaben macht, die geeignet sind, den Anschein eines besonders günstigen Angebots hervorzurufen, kann auf Unterlassung der unrichtigen Angaben in Anspruch genommen werden.

§ 4. Wer in der Absicht, den Anschein eines besonders günstigen Angebots hervorzurufen, in öffentlichen Bekanntmachungen oder in Mitteilungen, die für einen größeren Kreis von Personen bestimmt sind, über geschäftliche Verhältnisse, insbesondere über die Beschaffenheit, den Ursprung, die Herstellungsart oder die Preisbemessung von Waren oder gewerblichen Leistungen, über die Art des Bezugs oder die Bezugsquelle von Waren, über den Besitz von Auszeichnungen, über den Anlaß oder den Zweck des Verkaufs oder über die Menge der Vorräte wissentlich unwahre und zur Irreführung geeignete Angaben macht, wird mit Gefängnis bis zu einem Jahre und mit Geldstrafe bis zu fünftausend Mark oder mit einer dieser Strafen bestraft.

Werden die im Abs. 1 bezeichneten unrichtigen Angaben in einem geschäftlichen Betriebe von einem Angestellten oder Beauftragten gemacht, so ist der Inhaber oder Leiter des Betriebs neben dem Angestellten oder Beauftragten strafbar, wenn die Handlung mit seinem Wissen geschah.

§ 5. Die Verwendung von Namen, die im geschäftlichen Verkehre zur Benennung gewisser Waren oder gewerblicher Leistungen dienen, ohne deren Herkunft bezeichnen zu sollen, fällt nicht unter die Vorschriften der §§ 3, 4.

Im Sinne der Vorschriften der §§ 3, 4 sind den dort bezeichneten Angaben bildliche Darstellungen und sonstige Veranstaltungen gleich zu achten, die darauf berechnet und geeignet sind, solche Angaben zu ersetzen.

§ 6. Wird in öffentlichen Bekanntmachungen oder in Mitteilungen, die für einen größeren Kreis von Personen bestimmt sind, der Verkauf von Waren angekündigt, die aus einer Konkursmasse stammen, aber nicht mehr zum Bestande der Konkursmasse gehören, so ist dabei jede

Bezugnahme auf die Herkunft der Waren aus einer Konkursmasse verboten.

Zuwiderhandlungen gegen diese Vorschrift werden mit Geldstrafe bis zu einhundertfünfzig Mark oder mit Haft bestraft.

§ 7. Wer in öffentlichen Bekanntmachungen oder in Mitteilungen, die für einen größeren Kreis von Personen bestimmt sind, den Verkauf von Waren unter der Bezeichnung eines Ausverkaufs ankündigt, ist gehalten, in der Ankündigung den Grund anzugeben, der zu dem Ausverkauf Anlaß gegeben hat.

Durch die höhere Verwaltungsbehörde kann nach Anhörung der zuständigen gesetzlichen Gewerbe- und Handelsvertretungen für die Ankündigung bestimmter Arten von Ausverkäufen angeordnet werden, daß zuvor bei der von ihr zu bezeichnenden Stelle Anzeige über den Grund des Ausverkaufs und den Zeitpunkt seines Beginns zu erstatten sowie ein Verzeichnis der auszuverkaufenden Waren einzureichen ist. Die Einsicht der Verzeichnisse ist jedem gestattet.

§ 8. Mit Gefängnis bis zu einem Jahre und mit Geldstrafe bis zu fünftausend Mark oder mit einer dieser Strafen wird bestraft, wer im Falle der Ankündigung eines Ausverkaufs Waren zum Verkaufe stellt, die nur für den Zweck des Ausverkaufs herbeigeschafft worden sind (sogenanntes Vorschieben oder Nachschieben von Waren).

§ 9. Der Ankündigung eines Ausverkaufs im Sinne des § 7 Abs. 2 und des § 8 steht jede sonstige Ankündigung gleich, welche den Verkauf von Waren wegen Beendigung des Geschäftsbetriebs, Aufgabe einer einzelnen Warengattung oder Räumung eines bestimmten Warenvorrats aus dem vorhandenen Bestande betrifft.

Auf Saison- und Inventurausverkäufe, die in der Ankündigung als solche bezeichnet werden und im ordentlichen Geschäftsverkehr üblich sind, finden die Vorschriften der

§§ 7 und 8 keine Anwendung. Über Zahl, Zeit und Dauer der üblichen Saison- und Inventurausverkäufe kann die höhere Verwaltungsbehörde nach Anhörung der zuständigen gesetzlichen Gewerbe- und Handelsvertretungen Bestimmungen treffen.

§ 10. Mit Geldstrafe bis zu einhundertfünfzig Mark oder mit Haft wird bestraft:

1. wer der Vorschrift des § 7 Abs. 1 zuwider es unterläßt, in der Ankündigung eines Ausverkaufs den Grund anzugeben, der zu dem Ausverkauf Anlaß gegeben hat;
2. wer den auf Grund des § 7 Abs. 2 erlassenen Anordnungen zuwiderhandelt oder bei Befolgung dieser Anordnungen unrichtige Angaben macht;
3. wer den von der höheren Verwaltungsbehörde auf Grund des § 9 Abs. 2 Satz 2 getroffenen Bestimmungen zuwiderhandelt.

§ 11. Durch Beschluß des Bundesrats kann festgesetzt werden, daß bestimmte Waren im Einzelverkehre nur in vorgeschriebenen Einheiten der Zahl, des Maßes oder des Gewichts oder mit einer auf der Ware oder ihrer Aufmachung anzubringenden Angabe über Zahl, Maß, Gewicht, über den Ort der Erzeugung oder den Ort der Herkunft der Ware gewerbsmäßig verkauft oder feilgehalten werden dürfen.

Für den Einzelverkehr mit Bier in Flaschen oder Krügen kann die Angabe des Inhalts unter Festsetzung angemessener Fehlergrenzen vorgeschrieben werden.

Die durch Beschluß des Bundesrats getroffenen Bestimmungen sind durch das Reichs-Gesetzblatt zu veröffentlichen und dem Reichstage sogleich oder bei seinem nächsten Zusammentritte vorzulegen.

Zuwiderhandlungen gegen die Bestimmungen des Bundesrats werden mit Geldstrafe bis zu einhundertfünfzig Mark oder mit Haft bestraft.

§ 12. Mit Gefängnis bis zu einem Jahre und mit Geldstrafe bis zu fünftausend Mark oder mit einer dieser Strafen wird, soweit nicht nach anderen Bestimmungen eine schwerere Strafe verwirkt wird, bestraft, wer im geschäftlichen Verkehre zu Zwecken des Wettbewerbes dem Angestellten oder Beauftragten eines geschäftlichen Betriebs Geschenke oder andere Vorteile anbietet, verspricht oder gewährt, um durch unlauteres Verhalten des Angestellten oder Beauftragten bei dem Bezuge von Waren oder gewerblichen Leistungen eine Bevorzugung für sich oder einen Dritten zu erlangen.

Die gleiche Strafe trifft den Angestellten oder Beauftragten eines geschäftlichen Betriebs, der im geschäftlichen Verkehre Geschenke oder andere Vorteile fordert, sich versprechen läßt oder annimmt, damit er durch unlauteres Verhalten einem anderen bei dem Bezuge von Waren oder gewerblichen Leistungen im Wettbewerb eine Bevorzugung verschaffe.

Im Urteil ist zu erklären, daß das Empfangene oder sein Wert dem Staate verfallen sei.

§ 13. In den Fällen der §§ 1, 3 kann der Anspruch auf Unterlassung von jedem Gewerbetreibenden, der Waren oder Leistungen gleicher oder verwandter Art herstellt oder in den geschäftlichen Verkehr bringt, oder von Verbänden zur Förderung gewerblicher Interessen geltend gemacht werden, soweit die Verbände als solche in bürgerlichen Rechtsstreitigkeiten klagen können. Auch können diese Gewerbetreibende und Verbände denjenigen, welcher den §§ 6, 8, 10, 11, 12 zuwiderhandelt, auf Unterlassung in Anspruch nehmen.

Zum Ersatze des durch die Zuwiderhandlung entstehenden Schadens ist verpflichtet:

1. wer im Falle des § 3 die Unrichtigkeit der von ihm gemachten Angaben kannte oder kennen mußte. Gegen Redakteure, Verleger, Drucker oder Verbreiter von

periodischen Druckschriften kann der Anspruch auf Schadensersatz nur geltend gemacht werden, wenn sie die Unrichtigkeit der Angaben kannten;

2. wer gegen die §§ 6, 8, 10, 11, 12 vorsätzlich oder fahrlässig verstößt.

Werden in einem geschäftlichen Betriebe Handlungen, die nach §§ 1, 3, 6, 8, 10, 11, 12 unzulässig sind, von einem Angestellten oder Beauftragten vorgenommen, so ist der Unterlassungsanspruch auch gegen den Inhaber des Betriebs begründet.

§ 14. Wer zu Zwecken des Wettbewerbes über das Erwerbsgeschäft eines anderen, über die Person des Inhabers oder Leiters des Geschäfts, über die Waren oder gewerblichen Leistungen eines anderen Tatsachen behauptet oder verbreitet, die geeignet sind, den Betrieb des Geschäfts oder den Kredit des Inhabers zu schädigen, ist, sofern die Tatsachen nicht erweislich wahr sind, dem Verletzten zum Ersatze des entstandenen Schadens verpflichtet. Der Verletzte kann auch den Anspruch geltend machen, daß die Behauptung oder Verbreitung der Tatsachen unterbleibe.

Handelt es sich um vertrauliche Mitteilungen und hat der Mitteilende oder der Empfänger der Mitteilung an ihr ein berechtigtes Interesse, so ist der Anspruch auf Unterlassung nur zulässig, wenn die Tatsachen der Wahrheit zuwider behauptet oder verbreitet sind. Der Anspruch auf Schadensersatz kann nur geltend gemacht werden, wenn der Mitteilende die Unrichtigkeit der Tatsachen kannte oder kennen mußte.

Die Vorschrift des § 13 Abs. 3 findet entsprechende Anwendung.

§ 15. Wer wider besseres Wissen über das Erwerbsgeschäft eines anderen, über die Person des Inhabers oder Leiters des Geschäfts, über die Waren oder gewerblichen Leistungen eines anderen Tatsachen der Wahrheit zuwider behauptet oder verbreitet, die geeignet sind, den Betrieb des Geschäfts zu schädigen, wird mit Gefängnis bis zu einem Jahre und mit Geldstrafe bis zu fünftausend Mark oder mit einer dieser Strafen bestraft.

Werden die im Abs. 1 bezeichneten Tatsachen in einem geschäftlichen Betriebe von einem Angestellten oder Beauftragten behauptet oder verbreitet, so ist der Inhaber des Betriebs neben dem Angestellten oder Beauftragten strafbar, wenn die Handlung mit seinem Wissen geschah.

§ 16. Wer im geschäftlichen Verkehr einen Namen, eine Firma oder die besondere Bezeichnung eines Erwerbsgeschäfts, eines gewerblichen Unternehmens oder einer Druckschrift in einer Weise benutzt, welche geeignet ist, Verwechselungen mit dem Namen, der Firma oder der besonderen Bezeichnung hervorzurufen, deren sich ein anderer befugterweise bedient, kann von diesem auf Unterlassung der Benutzung in Anspruch genommen werden.

Der Benutzende ist dem Verletzten zum Ersatze des Schadens verpflichtet, wenn er wußte oder wissen mußte, daß die mißbräuchliche Art der Benutzung geeignet war, Verwechselungen hervorzurufen.

Der besonderen Bezeichnung eines Erwerbsgeschäfts stehen solche Geschäftsabzeichen und sonstigen zur Unterscheidung des Geschäfts von anderen Geschäften bestimmten Einrichtungen gleich, welche innerhalb beteiligter Verkehrskreise als Kennzeichen des Erwerbsgeschäfts gelten. Auf den Schutz von Warenzeichen und Ausstattungen (§§ 1, 15 des Gesetzes zum Schutze der Warenbezeichnungen vom 12. Mai 1894, Reichs-Gesetzbl. S. 441) finden diese Vorschriften keine Anwendung.

Die Vorschrift des § 13 Abs. 3 findet entsprechende Anwendung.

§ 17. Mit Gefängnis bis zu einem Jahre und mit Geldstrafe bis zu fünftausend Mark oder mit einer dieser Strafen wird bestraft, wer als Angestellter, Arbeiter oder Lehrling eines Geschäftsbetriebs Geschäfts- oder Betriebsgeheimnisse, die ihm vermöge des Dienstverhältnisses anvertraut oder sonst zugänglich geworden sind, während der Geltungsdauer des Dienstverhältnisses unbefugt an andere zu Zwecken des Wettbewerbes oder in der Absicht, dem Inhaber des Geschäftsbetriebs Schaden zuzufügen, mitteilt.

Gleiche Strafe trifft denjenigen, welcher Geschäfts- oder Betriebsgeheimnisse, deren Kenntnis er durch eine der im Abs. 1 bezeichneten Mitteilungen oder durch eine gegen das Gesetz oder die guten Sitten verstoßende eigene Handlung erlangt hat, zu Zwecken des Wettbewerbes unbefugt verwertet oder an andere mitteilt.

§ 18. Mit Gefängnis bis zu einem Jahre und mit Geldstrafe bis zu fünftausend Mark oder mit einer dieser Strafen wird bestraft, wer die ihm im geschäftlichen Verkehr anvertrauten Vorlagen oder Vorschriften technischer Art, insbesondere Zeichnungen, Modelle, Schablonen, Schnitte, Rezepte, zu Zwecken des Wettbewerbes unbefugt verwertet oder an andere mitteilt.

§ 19. Zuwiderhandlungen gegen die Vorschriften der §§ 17, 18 verpflichten außerdem zum Ersatze des entstandenen Schadens. Mehrere Verpflichtete haften als Gesamtschuldner.

§ 20. Wer zu Zwecken des Wettbewerbes es unternimmt, einen anderen zu einer Zuwiderhandlung gegen die Vorschriften des § 17 Abs. 1, § 18 zu bestimmen, wird mit Gefängnis bis zu neun Monaten und mit Geldstrafe bis zu zweitausend Mark oder mit einer dieser Strafen bestraft.

§ 21. Die in diesem Gesetze bezeichneten Ansprüche auf Unterlassung oder Schadensersatz verjähren in sechs Monaten von dem Zeitpunkt an, in welchem der Anspruchsberechtigte von der Handlung und von der Person des Verpflichteten Kenntnis erlangt, ohne Rücksicht auf diese

Kenntnis in drei Jahren von der Begehung der Handlung an.

Für die Ansprüche auf Schadensersatz beginnt der Lauf der Verjährung nicht vor dem Zeitpunkt, in welchem ein Schaden entstanden ist.

§ 22. Die Strafverfolgung tritt mit Ausnahme der in den §§ 6, 10, 11 bezeichneten Fälle nur auf Antrag ein. In den Fällen der §§ 4, 8, 12 hat das Recht, den Strafantag zu stellen, jeder der im § 13 Abs. 1 bezeichneten Gewerbetreibenden und Verbände.

Die Zurücknahme des Antrags ist zulässig.

Strafbare Handlungen, deren Verfolgung nur auf Antrag eintritt, können von den zum Strafantrage Berechtigten im Wege der Privatklage verfolgt werden, ohne daß es einer vorgängigen Anrufung der Staatsanwaltschaft bedarf. Die öffentliche Klage wird von der Staatsanwaltschaft nur dann erhoben, wenn dies im öffentlichen Interesse liegt.

Geschieht die Verfolgung im Wege der Privatklage, so sind die Schöffengerichte zuständig.

§ 23. Wird in den Fällen der §§ 4, 6, 8, 12 auf Strafe erkannt, so kann angeordnet werden, daß die Verurteilung auf Kosten des Schuldigen öffentlich bekannt zu machen sei.

Wird in den Fällen des § 15 auf Strafe erkannt, so ist zugleich dem Verletzten die Befugnis zuzusprechen, die Verurteilung innerhalb bestimmter Frist auf Kosten des Verurteilten öffentlich bekannt zu machen.

Auf Antrag des freigesprochenen Angeschuldigten kann das Gericht die öffentliche Bekanntmachung der Freisprechung anordnen; die Staatskasse trägt die Kosten, insofern sie nicht dem Anzeigenden oder dem Privatkläger auferlegt worden sind.

Ist auf Grund einer der Vorschriften dieses Gesetzes auf Unterlassung Klage erhoben, so kann in dem Urteile der obsiegenden Partei die Befugnis zugesprochen werden, den verfügenden Teil des Urteils innerhalb bestimmter Frist auf Kosten der unterliegenden Partei öffentlich bekannt zu machen.

Die Art der Bekanntmachung ist im Urteil zu bestimmen.

§ 24. Für Klagen auf Grund dieses Gesetzes ist ausschließlich zuständig das Gericht, in dessen Bezirke der Beklagte seine gewerbliche Niederlassung oder in Ermangelung einer solchen seinen Wohnsitz hat. Für Personen, die im Inlande weder eine gewerbliche Niederlassung noch einen Wohnsitz haben, ist ausschließlich zuständig das Gericht des inländischen Aufenthaltsorts, oder wenn ein solcher nicht bekannt ist, das Gericht, in dessen Bezirke die Handlung begangen ist.

§ 25. Zur Sicherung der in diesem Gesetze bezeichneten Ansprüche auf Unterlassung können einstweilige Verfügungen erlassen werden, auch wenn die in den §§ 935, 940 der Zivilprozeßordnung bezeichneten Voraussetzungen nicht zutreffen. Zuständig ist auch das Amtsgericht, in dessen Bezirke die den Anspruch begründende Handlung begangen ist; im übrigen finden die Vorschriften des § 942 der Zivilprozeßordnung Anwendung.

§ 26. Neben einer nach Maßgabe dieses Gesetzes verhängten Strafe kann auf Verlangen des Verletzten auf eine an ihn zu erlegende Buße bis zum Betrage von zehntausend Mark erkannt werden. Für diese Buße haften die dazu Verurteilten als Gesamtschuldner. Eine erkannte Buße schließt die Geltendmachung eines weiteren Entschädigungsanspruchs aus.

§ 27. Bürgerliche Rechtsstreitigkeiten, in welchen durch die Klage ein Anspruch auf Grund dieses Gesetzes geltend gemacht wird, gehören, sofern in erster Instanz die Landgerichte zuständig sind, vor die Kammern für Handelssachen.

In bürgerlichen Rechtsstreitigkeiten, in welchen durch Klage oder Widerklage ein Anspruch auf Grund dieses Gesetzes geltend gemacht ist, wird die Verhandlung und Entscheidung letzter Instanz im Sinne des § 8 des Einführungsgesetzes zum Gerichtsverfassungsgesetze dem Reichsgerichte zugewiesen.

§ 28. Wer im Inland eine Hauptniederlassung nicht besitzt, hat auf den Schutz dieses Gesetzes nur insoweit Anspruch, als in dem Staate, in welchem seine Hauptniederlassung sich befindet, nach einer im Reichs-Gesetzblatt enthaltenen Bekanntmachung deutsche Gewerbetreibende einen entsprechenden Schutz genießen.

§ 29. Welche Behörden in jedem Bundesstaat unter der Bezeichnung höhere Verwaltungsbehörde im Sinne dieses Gesetzes zu verstehen sind, wird von der Zentralbehörde des Bundesstaats bestimmt.

§ 30. Dieses Gesetz tritt am 1. Oktober 1909 in Kraft.

Mit diesem Zeitpunkte tritt das Gesetz zur Bekämpfung des unlauteren Wettbewerbes vom 27. Mai 1896 (Reichs-Gesetzbl. S. 145) außer Kraft.

Sachregister.

(Die Zahlen bezeichnen die Seiten.)

W.

Z.

Herrosé & Ziemsen, G. m. b. H., Wittenberg.

Guttentag'sche Sammlung

Deutscher Reichsgesetze.

Text-Ausgaben mit Anmerkungen. Taschenformat.

1. **Verfassung** des Deutschen Reichs. Von Dr. **L. von Rönne.** 9. Aufl. von Landrat **P. von Rönne.** 1904. 2 M. 40 Pf.

2. **Strafgesetzbuch** für das Deutsche Reich. Von Dr. **H. Rüdorff.** 22. Aufl. von Dr. **H. Appelius.** 1907 mit Novelle v. 17. II. 08 1 M. 50 Pf.

3. **Militärstrafgerichtsordnung** nebst Einführungsgesetz Von Wirkl. Geheimen Kriegsrat Dr jur. **A. Romen** u. Kriegsgerichtsrat Dr. jur. **Carl Rissom.** 1909. Im Druck.

4. **Handelsgesetzbuch vom 10. Mai 1897 unter Ausschluß des Seerechts.** 13. Aufl. **herausgegeben von** Geh. Justizrat Prof. Dr. **A. Mosse** 1905 3 M.

5. Allgemeine Deutsche **Wechselordnung.** 10. Aufl. von Justizrat Dr. **J. Stranz** und Rechtsanwalt Dr. **M. Stranz,** und das Reichsgesetz über die **Wechselstempelsteuer** von Geh. Regierungsrat **P. Loeck.** 10. Aufl. 1909. 3 M.

5a. **Wechselstempelsteuergesetz** apart. 10. Aufl. 1 M. 25 Pf.

6. **Reichsgewerbeordnung** nebst Ausführungsbestimmungen. Von **Berger** und **Wilhelmi.** 17. Aufl. bearbeitet von Oberverwaltungsgerichtsrat **H. Spangenberg.** 1907. 3 M.

Nachtragsband: enth. Novelle **„Kleiner Befähigungsnachweis"** von Geh. Ober-Regierungsrat **Spielhagen.** 1908. 30 Pf.

Ergänzungsband: **Preußische Ausführungsanweisung.** 1904. 2 M.

7. **Post- und Telegraphen-Gesetzgebung.** Nebst Weltpostvertrag und internationalem Telegraphenvertrag. 6. Aufl. von Geh. Ober-Postrat Dr. **M. König.** 1908. 4 M.

8. Die Reichsgesetze über den **Unterstützungswohnsitz die Freizügigkeit, den Erwerb und Verlust der Bundes- und Staatsangehörigkeit.** Von Geheimrat Dr. **J. Krech,** Mitglied d. Bundesamtes für das Heimatwesen. 7. Aufl. 1908. 3 M.

9. Sammlung **kleinerer strafrechtlicher Reichsgesetze.** Bearbeitet von **M. Werner,** Geh. Ober-Regierungsrat. 2. Aufl. 1903. 3 M.

10. Das **Reichsbeamtengesetz** von **J. Pieper.** 2. Aufl. 1901. 4 M. 50 Pf.

— In der Fassung von 1907 siehe Nr. 82.

11. **Zivilprozeßordnung mit Gerichtsverfassungsgesetz** in den neuesten Fassungen. Von **R. Sydow.** Fortgeführt von **L. Busch.** 11. Aufl. 8°. 1909. 6 M.

12. **Strafprozeßordnung und Gerichtsverfassungsgesetz** nebst den Gesetzen, betr. die Entschädigung der im Wiederaufnahmeverfahren freigesprochenen Personen und die Entschädigung für unschuldig erlittene Untersuchungshaft. Von Dr. **A. Hellweg,** Reichsgerichtsrat. 15. Aufl. 1908. 2 M.

13. **Konkursordnung und Anfechtungsgesetz.** Von **R. Sydow.** Fortgeführt von **L. Busch.** 10. Aufl. 1906. 2 M. 25 Pf.

14. **Gerichtsverfassungsgesetz** mit Einführungsgesetz. Herausgegeben von **R. Sydow.** Fortgeführt von **L. Busch.** 9. Aufl. 1905. 1 M. 50 Pf.

15. Das **Deutsche Gerichtskostengesetz** nebst den Gebührenordnungen für Gerichtsvollzieher, Zeugen und Sachverständige. Von **R. Sydow.** Weiter bearbeitet von **L. Busch.** 8. Aufl. 1907. Mit Nachtrag v. 1. VI. 1909. 2 M.

16. **Rechtsanwaltsordnung.** Von **R. Sydow.** 6. Aufl. von Justizrat **M. Jacobsohn.** 1907 1 M. 20 Pf.

17. Die **Deutsche Gebührenordnung für Rechtsanwälte und das Preußische Gebührengesetz** vom 27. September / 6. Oktober 1899. Von **R. Sydow.** Fortgeführt von **L. Busch.** 8. Aufl. 1909. 2 M.

18. **Reichsstempelgesetz (Börsensteuer, Frachturkunde, Kraftfahrzeuge, Personenfahrkarte, Tantieme für Aufsichtsratsmitglieder).** Vom 15. Juli 1909. Von **P. Loeck,** Geh. Regierungsrat. 10. Aufl. 8°. M. Pf.

19. Die **Seegesetzgebung.** Von Dr. **W. E. Knitschky.** 4. Aufl. bearbeitet von Oberlandesgerichtsrat **Otto Rudorff** in Hamburg. 1908. 6 M.

20. **Krankenversicherungsgesetz.** Von weil. Dr. **E. von Woedtke.** 11. Aufl. von Geh. Reg.-Rat Dr. **G. Eucken-Addenhausen.** 1905. 3 M.

21. Die **Konsulargesetzgebung.** Von Professor Dr. **Ph. Zorn.** 2. Aufl. 1901. 3 M.

22. **Patentgesetz.** Nebst Ausführungsbestimmungen, völkerrechtlichen Verträgen und der Patentanwalts-Ordnung. 7. Aufl. bearbeitet von **R. Lutter,** Geh. Reg.-Rat im Kaiserl. Patentamt. 1908. 2 M. 80 Pf.

23. **Gewerbe-Unfallversicherungsgesetz.** Von weil. Dr. **E. v. Woedtke.** 9. Aufl. von **Franz Caspar,** Direktor im Reichsamt des Innern. 1907. 2 M. 50 Pf.

24. **Aktiengesellschaft und Kommanditgesellschaften auf Aktien.** Von Justizrat Dr. **H. Veit Simon** und Amtsrichter **L. Keyssner.** 1909. 6. Aufl. Im Druck.

25. **Brausteuergesetz** vom 15. Juli 1909 Von **A. Düffe**, Oberzollrevisor. 2 Aufl. 1909. Im Druck.

26. Die Reichsgesetzgebung über **Münz- und Notenbankwesen**, Papiergeld, Prämienpapiere und Reichsschulden. Von Dr. jur. **R. Koch**, Präsident des Reichsbankdirektoriums. 6. Aufl. 1909. Im Druck.

27. Die Gesetzgebung, betr. das **Gesundheitswesen** im Deutschen Reich. Von Dr. jur. **C. Goesch** und Dr. med. **J. Karsten.** 1888. 1 M. 60 Pf.

28. **Bau-Unfallversicherungsgesetz.** Vom 30. Juni 1900. Von **R. Chrzescinski**, Kaiserl. Regierungsrat. 3. Aufl. 1900. 2 M.

29. **Erwerbs- und Wirtschaftsgenossenschaften.** Von **L. Parisius** und Dr. **H. Crüger.** 12. Aufl. von Dr. **H. Crüger.** 1907. 1 M. 50 Pf.

30. **Invalidenversicherungsgesetz** vom 13. Juli 1899 Von weil. Dr. **E. v. Woedtke.** 10. Aufl. von Regierungsrat **H. Follmann.** 1906. 4 M.
Siehe auch Handausgabe von Freund Seite 24.

31. **Gewerbegerichtsgesetz.** Von Stadtrat **L. Mugdan.** 6. Aufl. bearbeitet von **W. Cuno**, Erstem Bürgermeister zu Hagen i. W. 1906. 2 M. 20 Pf.

32. Reichsgesetz, betr. die **Gesellschaften mit beschränkter Haftung.** Von **L. Parisius** und Dr. **H. Crüger.** 9. Aufl. von Dr. **H. Crüger.** 1908. 1 M. 40 Pf.

33. **Vereins- und Versammlungsrecht.** Von Dr. **E. Ball.** 2. Aufl. von Dr. **F. Friedenthal.** 1907. 2 M. 50 Pf.

Reichs-Vereinsgesetz vom 19. April 1908 vide Nr. 88.

34. Die **Abzahlungsgeschäfte.** Gesetz vom 16. Mai 1894. 2. vermehrte Aufl. besorgt von Dr. **E. Wilke,** Landgerichtsrat. 1901. 1 M. 20 Pf.

35. Die **Reichs-Eisenbahngesetzgebung.** Von **W. Coermann,** Kaiserl. Amtsrichter. 1895. 2 M. 25 Pf.

36. Gesetze, betr. die **privatrechtlichen Verhältnisse der Binnenschiffahrt und der Flößerei.** Von **E. Löwe,** Landgerichtsrat. 4. Aufl. 1909. 3 M.

37. Gesetz zur **Bekämpfung des unlauteren Wettbewerbes.** 4. Auflage. Von Justizrat **Pinner.** 1909. 1 M.

38/39. **Bürgerliches Gesetzbuch nebst Einführungsgesetz** von Dr. **A. Achilles.** In Verbindung mit Professor Dr. **André,** Kammergerichtsrat **Ritgen,** Ober-Landesgerichtsrat **Strecker,** Ministerialrat Dr. **Unzner** herausgegeben von Geh. Ober-Justizrat **Greiff.** 6. Aufl. 8°. 1909. 6 M. 50 Pf.

40. Gesetz, betr. die **Pflichten der Kaufleute bei Aufbewahrung fremder Wertpapiere (Depotgesetz).** Mit Erläuterungen. Von **F. Lusensky,** Geh. Ober-Regierungsrat. 2. Aufl. 1905. 1 M.

41. **Börsengesetz.** In der Fassung der Novelle vom 8. Mai 1908. 2. Aufl. Von Wirkl. Geh. Ob.-Regierungsrat **Th. Hemptenmacher,** Staatskommissar an der Berliner Börse. 1908. 2 M.

42. **Grundbuchordnung** nebst den preußischen Ausführungsbestimmungen. Mit Einleitung. Von Prof. Dr. **O. Fischer.** 5. Aufl. 1909. 2 M.

43. **Zwangsvollstreckung in das unbewegliche Vermögen** im Reiche und in Preußen. Mit Einleitung, Kosten- und Gebührentabellen. Von Dr. **J. Krech,** Kaiserl. Geh. Regierungsrat und Professor Dr. **O. Fischer.** 5. Aufl. 1907. 2 M.

44. Das Reichsgesetz über das **Auswanderungswesen** vom 9. Juni 1897. Von Professor Dr. **Felix Stoerk.** 1899. 2 M. 25 Pf.

45. Das **Entmündigungsrecht** unter Berücksichtigung der für Preußen geltenden Vorschriften nebst der preußischen Justiz-Ministerial-Verfügung vom 28. November 1899. Von Landgerichtsrat Dr. **P. Koll** in Cöln. 1900. 1 M. 50 Pf.

46. Die Gesetze des Reiches und Preußens über die **freiwillige Gerichtsbarkeit.** Von **Herm. Jastrow,** Amtsgerichtsrat. 4. Aufl. 1906. 3 M.

47. Das **deutsche Vormundschaftsrecht** und das preuß. Gesetz über die Fürsorgeerziehung Minderjähriger nebst den dazu gehörigen preußischen Nebengesetzen. Von **Max Schultzenstein**, Oberverwaltungsgerichtsrat und Amtsgerichtsrat Dr. **Paul Köhne.** 2. Aufl. 1901. 3 M.

48. Gesetze und Verordnungen, betr. den **Drogen-, Gift- und Farbenhandel** außerhalb der Apotheken. Von Dr. **Broh,** Rechtsanwalt. 1899. 1 M. 25 Pf.

49. Deutsche **Kolonialgesetzgebung.** Von Professor Dr. **Philipp Zorn.** 1901. 4 M. 50 Pf.

50. Der **Viehkauf** (Viehgewährschaft) nach dem Bürgerlichen Gesetzbuche. Nebst Verordn. betr. die Hauptmängel und Gewährsfristen beim Viehhandel. Von Rechtsanwalt Dr. **H. Stölzle** und Königl. Kreistierarzt **H. Weiskopf.** 4. Aufl. 1908. 4 M.

51. **Hypothekenbankgesetz** vom 13. Juli 1899. Von Dr. **H. Göppert,** Gerichts-Assessor. 1900. 1 M. 80 Pf.

52. Gesetz, betreffend die gemeinsamen **Rechte der Besitzer von Schuldverschreibungen.** Von Dr. **Heinrich Göppert,** Gerichts-Assessor. 1900. 2 M.

53. **Reichspreßgesetz** vom 7. Mai 1874. Kommentar von **A. Born,** Polizeiassessor. 1900. 1 M. 50 Pf.

54. Die Reichsgesetzgebung über den Verkehr mit **Nahrungsmitteln, Genußmitteln** und **Gebrauchsgegenständen.** Von Dr. **Georg Lebbin,** Nahrungsmittelchemiker. 1900. 2 M. 25 Pf.

55. Das Recht der **Beschlagnahme von Lohn- und Gehaltsforderungen.** Von Justizrat **Georg Meyer.** 3. Aufl. 1908. 2 M. 50 Pf.

56. **Gesetz,** betr. die **Bekämpfung gemeingefährlicher Krankheiten.** Nebst Ausführungsbestimmungen. Von Dr. **Bruno Burkhardt,** Regierungsrat, Mitglied des Kais. Gesundheitsamts. 1900. 1 M. 40 Pf.

57. **See-Unfallversicherungsgesetz.** Von **Dr. Max Mittelstein,** Oberlandesgerichtsrat in Hamburg. 1901. 2 M.

58. **Das Recht der unehelichen Kinder** nach dem BGB. Von **Hermann Jastrow,** Amtsg.-Rat. 1901. 1 M. 80 Pf.

59. Reichsgesetz über die **Beurkundung des Personenstandes und die Eheschließung.** Von Dr. **F. Fidler,** Amtgerichtsrat. 1901. 1 M. 80 Pf.

60. **Gesetz,** betreffend das **Urheberrecht an Werken der Literatur und der Tonkunst.** Von Landrichter **Otto Lindemann.** 2. Aufl. 1907. 1 M. 60 Pf.

61. **Gesetz** über das **Verlagsrecht.** Von Justizrat **Ernst Heinitz.** 1901. 1 M. 50 Pf.

62. Über die **privaten Versicherungsunternehmungen.** Von **H. Könige,** Reichsgerichtsrat. 2. Aufl. in Bearbeitung.

63. **Gesetzestafel des Deutschen Reichsrechts.** Systematisch geordnete Nachweisung des z. Z. geltenden Reichsrechts. Ergänzungsband zu der Guttentag'schen Sammlung Deutscher Reichsgesetze. Von **Hugo Bruhns,** Syndikus. 1902. 8°. 2 M. 50 Pf.

64. Gesetzsammlung betr. den **Handel mit Drogen und Giften.** Reichsgesetzl. Bestimmungen und Anhang mit den landesgesetzl. Verordnungen sämtlicher Bundesstaaten. Von Rechtsanwalt **H. Sonnenfeld,** Syndik. d. Berl. Drogisten-Innung. 1902. 3 M.

65. **Das Weingesetz** in der Fassung v. 1909. Mit Ausführungsbestimmungen von Dr. **Georg Lebbin,** Handels- u. Gerichtschemiker. 2. Aufl. 1909. Im Druck.

66. **Die Eisenbahn-Gesetzgebung.** Von **W. Pietsch,** Geh. exp. Sekretär im Reichs-Eisenbahn-Amt. 1902. 5 M.

67. **Militär-Strafgesetzbuch.** In Vorbereitung.

68. **Das Fleischbeschaugesetz.** Vom 3. Juni 1900. Von Dr. **Georg Lebbin,** Gerichtschemiker und Rechtsanwalt Dr. **Georg Baum.** 1903. 4 M.

69. Reichsgesetz über die **Naturalleistungen der bewaffneten Macht im Frieden** nebst den in Preußen geltenden Bestimmungen. Von Regierungsassessor Dr. **Walter v. Hippel.** 1903. 1 M. 25 Pf.

70. Das **Reichs-Haftpflichtgesetz**, betr. die Verbindlichkeit zum Schadensersatz für die bei dem Betriebe von Eisenbahnen, Bergwerken, Steinbrüchen, Gräbereien und Fabriken herbeigeführten Tötungen und Körperverletzungen, vom 7. Juni 1871. Von Regierungsrat Dr. **G. Eger.** 1903. Preis 3 M.

71. **Kinderarbeit in gewerblichen Betrieben**, v. 30. März 1903. Von **H. Spangenberg**, Oberverwaltungsgerichtsrat. 2. Aufl. 1904. 1 M. 60 Pf.

72. **Unfallversicherungsgesetz für Land- und Forstwirtschaft** von weil. Dr. **E. von Woedtke**, fortgesetzt von Dr. **Alfred Radtke**, Geh. Regierungsrat und Senatspräs. im Reichsversicherungsamt. 2. Aufl. 1904. 4 M. 50 Pf.

73. **Entschädigung für unschuldig erlittene Verhaftung und Bestrafung.** Nebst Anhang, enth. die dazu gehörigen Nebengesetze über Schadensersatz. Von Dr. jur. **A. Romen**, Wirkl. Geh. Kriegsrat und vortr. Rat im Kriegsministerium. 1904. 2 M.

74. Die **Kaufmannsgerichte** nebst den preuß. Ausführungsbestimmungen. Von Prof. Dr. **Max Apt**, Syndikus der Korporation der Berliner Kaufmannschaft. 3. Aufl. 1905. 2 M.

75. Reichsgesetz über die **Konsulargerichtsbarkeit.** Von Dr. jur. **A. F. Vorwerk,** Rechtsanwalt in Schanghai. 2. Ausgabe, mit dem Schutzgebietsgesetz und der Ausführungsverordnung, betr. die Rechtsverhältnisse in den Schutzgebieten. 1908. 2 M.

76. **Die Rechtshilfe im Verkehr mit den ordentlichen Gerichten nach deutschem Reichsrecht.** Von Landrichter Dr. **A. Friedländer.** 1906. 1 M. 80 Pf.

77. **Das Reichserbschaftssteuergesetz.** Vom 3. Juni 1906. Von **Ulrich Hoffmann,** Geh. Registrator im Kgl. Preuß. Finanzministerium. 1906. 2 M. 60 Pf.

78. **Zigarettensteuergesetz.** Vom 15. Juli 1909. Von Dr. **Cuno,** Regierungsassessor. 2. Aufl. . 1909. Im Druck.

79. **Die Militärpensionsgesetze** vom 31. Mai 1906 nebst Ausführungsbestimmungen. Zum Gebrauch für Heer, Marine und Schutztruppe von Dr. jur. **A. Romen,** Wirklicher Geheimer Kriegsrat.

a) I. Teil: Offizierpensionsgesetz. 1907. 3 M. 50 Pf.

b) II. Teil: Mannschaftsversorgungsgesetz. 1908. 3 M. 50 Pf.

80. Reichsgesetzgebung über **gerichtliche Registerführung.** Von **Otto Lindemann,** Landrichter. 1906. 3 M.

81. Gesetz, betr. **Urheberrecht an Werken der bildenden Künste und der Photographie.** Von Dr. **Ludw. Fuld,** Rechtsanwalt. 1907. 1 M.

82. **Reichsbeamtengesetz** in der Fassung vom 18. Mai 1907 **und** seine Ergänzungen von Geheimrat Professor Dr. **Ad. Arndt.** 1908. 3 M.

83. Reichsgesetz über **den Versicherungsvertrag** nebst Einführungsgesetz. Von Dr. **Paul Hager** und Dr. **R. Behrend,** Regierungsräte im Kaiserl. Aufsichtsamt f. Privatversicherung. 1908. 5 M.

84. **Sammlung kleinerer privatrechtlicher Reichsgesetze** von Landrichter **Georg Müller.** 1908. 6 M. 50 Pf.

Enthält eine Fülle von Gesetzen, die anderweit fast garnicht oder nur schwer zu beschaffen sind.

85. **Scheckgesetz** mit Einleitung usw. Von Prof. Dr. **Max Apt.** 5. Aufl. Mit Postscheckordnung v. 6. XI. 1908. 1909. 2 M.

Postscheckordnung vom 6. XI. 08. Apart mit Erläuterungen u. Ausführungsbestimmungen. (30 Pf.)

86. **Die Auslieferungsverträge des Deutschen Reiches** von Landrichter **A. Cohn.** 1908. 4 M.

87. Gesetz zum **Schutz der Warenbezeichnungen.** Von Geh. Reg.-Rat, Mitgl. des Patentamts Dr. **Freund** u. Rechtsanwalt **Magnus.** 5. Aufl. 1909. 3 M. 50 Pf.

88. **Vereinsgesetz** vom 19. April 1908. Von Dr. jur. **A. Romen,** Wirkl. Geh. Kriegsrat. 2. Aufl. 1908. 1 M. 50 Pf.

89. **Vogelschutzgesetz** vom 30. Mai 1908 nebst den das Flugwild betr Bestimmungen der Preußischen Jagdordnung von Dr. jur. **Leo von Boxberger.** 1908. 1 M.

90. Die Haager Abkommen über das **Internationale Privatrecht** von Dr. **G. A. E. Bogeng.** 1908. 2 M. 20 Pf.

91. **Eisenbahn-Verkehrsordnung** vom 23. Dez. 1908. Mit Ausführungsbestimmungen. Von Regierungsassessor bei der Eisenbahndirektion Breslau Dr. **Ernst Blume.** 1909. 2 M. 50 Pf.

92. Gesetz, betr. den **Verkehr mit Kraftfahrzeugen.** Von Amtsrichter **Kirchner.** 1909. 2 M. 80 Pf.

93. Gesetz über die **Sicherung der Bauforderungen** vom 1. Juni 1909 v. Justizrat Dr. **E. Harnier.** 2. Aufl. 1909. 1 M. 30 Pf.

94. **Haftpflicht der Reichs- und Staats-Beamten** v. Dr. **H. Delius.** 2. Aufl. 1909. Im Druck.

Guttentag'sche Sammlung

Preußischer Gesetze.

Text-Ausgaben mit Anmerkungen. Taschenformat.

1. **Die Verfassungs-Urkunde** für den Preußischen Staat. Mit Einleitung, vollständigem Kommentar. Von Prof. Dr. **Adolf Arndt.** 6. Aufl. 1907. 3 M.

2. **Preußische Beamten-Gesetzgebung.** Enthaltend die wichtigsten Beamtengesetze in Preußen. Von **C. Pfafferoth.** 4., neubearb. Aufl. 1905. Mit Anhang: Abänderung vom 27. Mai 1907. 2 M.

3. **Die Aufnahme des Nottestaments** durch die bestellten Urkundspersonen. Anweisung mit Musterbeispielen und Abriß des Erbrechts von Amtsgerichtsrat **C. Kurtz.** 1904. 1 M. 50 Pf.

4. **Gebührenordnung** für **Notare** vom 25. Juni 1895. Von **R. Sydow.** 3. Aufl. bearbeitet von Justizrat Dr. **Rausnitz.** 1908. 1 M. 60 Pf.

5. **Gesetz vom 24. April 1854 (betr. die außerehel. Schwängerung).** Von Dr. **Schulze.** 1873. 75 Pf. Gültiges Recht siehe: Reichsgesetze Nr. 58.

6. Die Preuß. **Ausführungsgesetze und Verordnungen zu den Reichs-Justizgesetzen.** Von **R. Sydow.** 3. vermehrte Aufl. 1895. 2 M. 40 Pf. S. Seite 25, Busch-Eylau, Ausführungsgesetze.

7. **Allg. Gerichtsordnung** und **Preuß. Konkursordnung.** Von **F. Vierhaus.** Vergriffen.

8. **Vormundschaftsordnung**. Von **F. Schultzenstein.** Gültiges Recht siehe: Reichsgesetze Nr. 47.

9. **Die Preußische Grundbuchgesetzgebung**. Von Prof. Dr. **Fischer.** Vergriffen. Siehe: Reichsgesetze Nr. 42.

10. **Einkommensteuergesetz**. Von **A. Fernow,** Geh. Ober-Finanzrat. 7. Aufl. 1908/9. Mit Nachtrag v. 22. III. u. 26. V. 09. 3 M. 25 Pf.

11. **Gewerbesteuergesetz**. Von **A. Fernow,** Geh. Ober-Finanzrat. 4., vermehrte Aufl. 1905. 2 M.

12. **Allgemeines Berggesetz** für die Preußischen Staaten vom 24. Juni 1865. Von **W. Westhoff** und **W. Schlüter.** 2. Aufl. 1907. 5 M.

13. **Ergänzungssteuergesetz** (Vermögenssteuergesetz). Von **A. Fernow,** Geh. Ober-Finanzrat. 4. vermehrte Aufl. 1907. 2 M. 40 Pf.

14. **Kommunalabgabengesetz**. Vom 14. Juli 1893 und Gesetz wegen Aufhebung direkter Staatssteuern. Von Dr. **F. Adickes,** Oberbürgermeister. 4. Aufl. 1906. 1 M. 50 Pf.

15. Die **Kreisordnungen** für den Preußischen Staat. Von **O. Kolisch,** Landgerichtsrat. 1894. 4 M.

16. **Konzessionierung gewerblicher Anlagen**. Preuß. Ausführungs-Anweisung zu §§ 16 u. ff. der Gewerbe-Ordnung. Von Dr. **W. v. Rüdiger,** Geh. Regierungs- u. Gewerberat. 2. Aufl. 1901. 2 M.

17. **Preußisches Gerichtskostengesetz.** Mit Kostentabellen. Von Dr. **P. Siméon,** Landgerichtsrat. 5. Aufl. 1908. 2 M. 60 Pf.

18. **Preußisches Stempelsteuergesetz vom** 30. Juni 1909. Mit Ausführungsbestimmungen und Tabellen. Von **P. Loeck,** Geh. Regierungsrat. 6. Aufl. mit Anhang. 8°. 1907/09 6 M.

19. Das **Jagdscheingesetz.** Mit ausführlichen Erläuterungen. Von **F. Kunze,** Wirklichem Geh. Ober-Regierungsrat. 2. Aufl. 1899. 2 M.

20. Die **preußischen Erbschaftssteuergesetze.** Unter Berücksichtigung der Novelle vom 31. Juli 1895. Von **U. Hoffmann,** Geh. Registrator im Königl. preuß. Finanzministerium. 1905. 4 M. (**Reichs**-Erbschaftssteuergesetz s. Reichsgesetze Nr. 77).

21. Gesetz über die **Handelskammern.** Von **F. Lusensky,** Geh. Regierungsrat 2. Aufl. 1909 ca. 3 M.

22. **Gesetz,** betr. **Anstellung und Versorgung der Kommunalbeamten.** Von Dr. **W. Ledermann,** Magistratsassessor zu Berlin. 1899. 1 M. 25 Pf.

23. **Ausführungsgesetz zum Bürgerlichen Gesetzbuche.** Von Landrichter Dr. **P. Siméon.** 2. Aufl. 1905. 1 M. 80 Pf.

24. Die **Hinterlegungsordnung** in der Fassung des Ausführungsgesetzes z. BGB. v. 20. Sept. 1899 nebst Ausführungsbestimmungen. Von Regierungsrat Dr. **Georg Bartels.** 2. Aufl. 1908. 2 M.

25. **Preußische Kommunalbeamtengesetzgebung.** Von Magistr.-Assess. Dr. **Fr. Kremski,** Berlin. 1901. 3 M.

26. Gesetze über das **Diensteinkommen der Lehrer und Lehrerinnen, Ruhegehalt und Fürsorge für Hinterbliebene.** Tabelle zur Berechnung der Ruhegehalts-, Witwen- u. Waisenbezüge. Von Dr. **Ed. Cremer,** Beigeordneter. 1900. 2 M. 40 Pf.

27. Gesetz, betreffend die **Warenhaussteuer.** Von Geh. Ober-Finanzrat Dr. **G. Strutz.** 1900. 1 M. 20 Pf.

28. Gesetz über die **Fürsorgeerziehung Minderjähriger.** Von Landgerichtsdirektor Dr. **P. F. Aschrott.** 2. umgearbeitete Aufl. 1907. 2 M. 80 Pf.

29. Gesetz, betr. **die ärztlichen Ehrengerichte, das Umlagerecht und die Kassen der Aerztekammern.** Von Amtsgerichtsrat Dr. **F. Fidler.** 1901. 1 M. 50 Pf.

30. Die das **Preußische Staatsschuldbuch** und **Reichsschuldbuch** betr. Gesetze nebst Ausführungsbestimmungen. Von Wirkl. Geh. Ober-Finanzrat **J. Mücke,** Mitglied der Staatsschuldenverwaltung. 1902. 2 M.

31a. **Die geltenden Preußischen Gesindeordnungen.** Herausgegeben in zwei Bänden von **Stephan Gerhard,** Rechtsanwalt in Berlin. 1902.

Band I: Gesindeordnung für die altpreußischen Provinzen vom 8. XI. 1810, mit Erläuterungen unter Berücksichtigung der Ergänzungsgesetze und der Rechtsverhältnisse der Gesindevermieter, sowie die Gesindeordnungen für Neuvorpommern und Rügen und für die Rheinprovinz. 2 M. 50 Pf.

31b. **Band II: Gesindeordnungen für Hannover, Schleswig-Holstein, Hessen-Nassau und den Regierungsbezirk Hohenzollern.** 2 M. 50 Pf.
Siehe auch Seite 24: Ratgeber von Grieben.

32. **Die Städteordnung für die sechs östlichen Provinzen Preußens vom 30. Mai 1853.** Von **Dr. jur. Walter Ledermann,** Magistrats-Assessor zu Berlin. 8°. 1902. 6 M.

33. **Rentenguts- und Anerbenrechts-Gesetzgebung in Preußen.** Von Landgerichtsrat **M. Peltasohn** und Rechtsanwalt **Bruno Peltasohn.** 1903. 3 M.

34. Sammlung der wichtigsten **preußischen Strafgesetze** nebst Anhang: Gesetz betr. polizeiliche Strafverfügungen vom 23. April 1883. Von **Otto Lindemann,** Amtsrichter. 1903. 2 M. 50 Pf.

35. **Geschäftsordnung für Gerichtsvollzieher.** Gerichtsvollzieherordnung und Gebührensätze von Amtsgerichtssekretär **Emil Exner.** 1904. 3 M. 50 Pf.

36. **Polizeiverordnungen in Preußen.** Von **Otto Lindemann,** Landrichter. 1904. 1 M. 50 Pf.

37. Gesetz über die **Enteignung von Grundeigentum** vom 11. Juni 1874. Von Landrichter **O. Meyer.** 1905. 2 M.

38. **Kreis- und Provinzial-Abgabengesetz.** Vom 23. April 1906. Von **Fr. Schmidt,** Gemeindevorsteher. 1906. 1 M. 25 Pf.

39. **Gesetz** betr. **die Unterhaltung der öff. Volksschulen.** Von **Dr. A. Marcks,** Reg.-Rat. 1906. 2 M.

40. **Verwaltungsstrafverfahren** bei Zuwiderhandlungen gegen die Zollgesetze und indirekte Reichs- und Landesabgaben, sowie die Bestimmungen über die Schlacht- und Wildpretsteuer vom 26. Juli 1897. Von **Dr. Richard Katzenstein,** Gerichtsassessor. 1907. 3 M. 60 Pf.

41. Die **preußischen Jagdpolizeigesetze.** Von **Fr. Kunze,** Wirkl. Geh. Oberregierungsrat und **R. Kühnemann,** Rechtsanwalt. 2. Aufl. 1907. 3 M. 60 Pf.

42. Die Gesetzgebung über die **Allgemeine Landesverwaltung** und über die **Zuständigkeit der Verwaltungs- und Verwaltungsgerichtsbehörden.** Von Rechtsanwalt **Dr. Karl Friedrichs.** 1908. 3 M.

43. Gesetz betr. die **Zulassung einer Verschuldungsgrenze** für land- und forstwirtschaftlich benutzte Grundstücke v. 20. August 1906 nebst Ausführungsvorschriften. Von Dr. jur. **R. Leweck,** Syndikus der Ostpreuß. Landschaft. 1908. 2 M. 40 Pf.

44. **Quellenschutzgesetz** vom 14. Mai 1908 nebst den Ausführungsbestimmungen von **Carl Voelkel,** Geheimer Bergrat. 1909. 1 M.

Guttentag'sche Sammlung von Text-Ausgaben mit Sachregister ohne Anmerkungen.

Taschenformat, elegant in Leinen gebunden.

Reichs-Justizgesetze: Gerichtsverfassungsgesetz. Zivilprozeßordnung. Konkursordnung. Strafprozeßordnung. 2. Aufl. In einem Bande geb. 3 M. 80 Pf.

Zivilprozeßordnung mit **Gerichtsverfassungsgesetz** und **Einführungsgesetzen.** 1909. 2 M.

Konkursordnung mit **Einführungsgesetz.** 80 Pf.

Bürgerliches Gesetzbuch nebst **Einführungsgesetz.** 10. Abdruck. 2 M. 50 Pf.

Handelsgesetzbuch nebst **Einführungsgesetz** u. **Seerecht.** 7. Abdruck. 1 M. 80 Pf.

Ausführungsanweisung zur Gewerbeordnung vom 1. Mai 1904 nebst der preuß. technischen Anleitung. 2 M.

Militärstrafgerichtsordnung nebst **Einführungsgesetz** u. **Ges., betr. Dienstvergehen der richterlichen Militärjustizbeamten u. unfreiwillige Versetzung derselben usw. Militär-Strafgesetzbuch** *) mit Abdruck der entsprechenden Bestimmungen des Reichs-Strafgesetzbuchs. 2. Aufl. 1 M. 50 Pf. *) Ist auch einzeln zu haben. Preis 1 Mk.

Wechselordnung in der Fassung der Bekanntmachung v. 3. Juni 1908. Mit Anhang: **Wechselprozeß und Ausführungsanweisung.** 1908. 1 M.

Die Preußischen Ausführungsgesetze zum Bürgerlichen Gesetzbuche und Nebengesetze. Text-Ausgabe ohne Anmerkungen. 5. Aufl. Taschenformat. Geb. in ganz Leinen Preis 1 M. 80 Pf.

Reichsfinanzgesetze v. 15. Juli 1909 einschließlich der **Reichsstempelgesetze** u. des **Erbschaftssteuergesetzes.** 1909. Geb. in ganz Leinen. M. Pf.

Guttentag'sche Sammlung von Text-Ausgaben mit Sachregister ohne Anmerkungen.

Die Preußischen Ausführungsgesetze, Verordnungen und ministeriellen Verfügungen zu dem Bürgerlichen Gesetzbuche und den Reichs-Justizgesetzen nebst anderen zugehörigen Gesetzen. Von **L. Busch.** 2. Aufl. von Gerichtsassessor **O. Eylau.** 8°. Preis geb. 4 M. 50 Pf.

Preußische Bürgerliche Gesetzsammlung. Sammlung der noch geltenden Landesgesetze privatrechtlichen Inhalts. Herausgegeben von den Gerichtsassessoren **D. Fischer** und **Dr. F. Schroeder.** 8°. 2 Bände Preis geb. in ganz Leinen 20 M.

Erster Band: **Das Allgemeine Landrecht mit den Einführungs-Patenten.** Preis 6 M.

Zweiter Band: **Gesetze von 1773—1902.** Preis 14 M.

Der Post-Überweisungs- und Scheckverkehr. Vortrag von Geh. Ober-Postrat **Max Aschenborn,** Vortragender Rat im Reichspostamt, nebst einem Abdruck der **Postscheckordnung** mit Ausführungsbestimmungen und Formularen. 30 Pf.

Preußisches Baupolizeirecht. Mit Kommentar der Baupolizeiverordnung für die Vororte von Berlin. Vom 28. Mai 1907. Von Gemeinde-Baurat **Carl Saß,** Königlichen Reg.-Baumeister a. D. Preis 6 M.

Fluchtliniengesetz. — Das Gesetz, betreffend die **Anlegung** und **Veränderung** von Straßen und Plätzen in Städten und ländlichen Ortschaften vom 2. Juli 1875. Des Kommentars von weil. Oberverwaltungsgerichtsrat R. Friedrichs. Sechste, völlig neubearbeitete Auflage. Von Senatspräsident Dr. jur. Hugo von Strauß und Torney. 1909. Im Druck.

Invalidenversicherungsgesetz vom 13. Juli 1899. Handausgabe mit Anmerkungen herausgegeben von Dr. Richard Freund, Vorsitzendem der Landes-Versicherungsanstalt Berlin. 3 Aufl. geb. 5 M.

Wie leitet man eine Versammlung? Geschäftlicher Handweiser für Vorsitzende. Von einem Mitgliede des deutschen Reichstages und des preußischen Abgeordnetenhauses. 2. Aufl. 1908. kart. 1 M.

Praktischer Ratgeber für Dienstherrschaften nach dem Preuß. Gesinderecht unter Berücksichtigung der neueren Entscheidungen bearbeitet von H. Grieben, Verwaltungsdir. a. D. u. Bürgermeister. 1908. 1 M.

Das Recht der Handlungsgehilfen und Handlungslehrlinge. Von Rechtsanwalt Hugo Horrwitz. 2. Aufl. 1905. (203 S.) Geb. in Leinen 3 M.

Die Registratur. 2. Auflage. 1906. Von Hermann Kollrack, Kgl. Polizeisekretär am Berliner Polizeipräsidium. 8°. (84 S.) Kart. 1 M. 40 Pf.

Die Pflichten des Waisenrates. Ein praktischer Leitfaden für Waisenräte und Verwaltungsbeamte. Von F. Baum, Geh. Justizrat und Vormundschaftsrichter. Achte vermehrte und verbesserte Auflage. 1906. 8°. (46 S.) 60 Pf.

Der Vormund, Gegenvormund, Pfleger u. Familienrat. Nach dem Bürgerlichen Gesetzbuch, dem Reichsgesetz über die Angelegenheiten der freiwilligen Gerichtsbarkeit und dem Ausführungsgesetz zum BGB. Ein praktischer Leitfaden. Von F. Baum, Geh. Justizrat und Vormundschaftsrichter. 1899. 8°. (64 S.) 50 Pf.

Schlagwort-Register.

R. = Nummer der Sammlung Deutscher Reichsgesetze.
P. = Nummer der Sammlung Preußischer Gesetze.
S. = Seite.

---

9. 75 000. VIII. 08.

FSC
www.fsc.org
MIX
Papier | Fördert
gute Waldnutzung
FSC® C083411

Kolibri 360 GmbH
Ferdinand-Jühlke-Straße 7
99095 Erfurt, Deutschland
produktsicherheit@kolibri360.de